Zeitmanagement
im Haushalt

Verbraucher-Zentrale

Inhalt

Anhang

Quellen und Literatur

Vorwort

Ist auch in Ihrem Haushalt Zeit Mangelware? Trotz arbeits- und zeitsparender Geräte, trotz pflegeleichter und vorgefertigter Produkte? Ist Ihnen bewußt, wieviel Zeit einzelne Hausarbeiten „kosten"? Welchen Stellenwert hat Haushaltsarbeit für Sie neben Familie, Beruf, Freizeit?

„Zeitmanagement im Haushalt" ist für alle gedacht, bei denen der Haushalt, die Freizeit oder gar beides zu kurz kommen. Sei es wegen der Anforderungen im Beruf, sei es, daß man die Hausarbeit der ganzen Familie allein am Hals hat oder eigene Ansprüche mit einem Heim verbindet, das stets tiptop in Ordnung zu sein hat. Der Ratgeber ist aus der Sicht derjenigen entwickelt, die die Hauptlast an Hausarbeit (bisher) tragen; in der Regel ist dies (noch) die Frau, die sich häufig durch das traditionelle Rollenverständnis der Dreifachbelastung und dem Dauerdruck durch Familie, Beruf und Haushalt gegenübersieht.

Mit unserem Programm wollen wir anregen, sich einmal zu vergegenwärtigen, wieviel Zeit Ihre verschiedenen Lebens- und Arbeitsbereiche brauchen, wieviel Zeit schon wofür fest verplant und wieviel frei einteilbare Zeit überhaupt zur Verfügung steht. Gleichzeitig wollen wir Mut machen, sich mit den eigenen Bedürfnissen auseinanderzusetzen und diese gegebenenfalls zu ihrem Recht kommen zu lassen und gegenüber anderen zu behaupten.

Ziel unseres Konzeptes ist, sich von einem ständig schlechten Gewissen und von Unzulänglichkeitsgefühlen zu befreien und größere Freiräume zu erwirken. Dies ist in gezielten Einzelmaßnahmen ebenso wie mit einem umfassenden Programm möglich – je nach eigenem Gusto, Bedarf und konkreten Erfolgsaussichten.

① Haushaltsalltag

Gewirkt und gewirbelt von früh bis spät, aber bei weitem nicht alles geschafft, was man sich vorgenommen hatte! – Wer kennt diese frustrierende Feststellung nicht?

Ein kleiner Blick in verschiedene Haushalte spiegelt Alltagssituationen voller Streß, Hektik und Arbeit wider:

Kurzporträt von Familie Meyer; Herr Meyer ganztags, Frau Meyer halbtags berufstätig, zwei Kinder: Lena (3) und Max (6)

Wenn Frau Meyer um 12 Uhr Feierabend hat, holt sie zunächst Lena vom Kindergarten ab. Zu Hause angekommen, wartet Max schon ungeduldig vor der Wohnungstür. Die letzte Schulstunde ist wieder ausgefallen. Die Kinder sind müde, hungrig und quengelig. Frau Meyer schiebt flugs drei Fertigpizzas in den Backofen.

Zwischenzeitlich fangen die Kinder an, sich zu streiten. Frau Meyer muß schlichten. Darüber hätte sie fast vergessen, auf die Pizzas zu achten.

Nach dem Essen verschwinden die Kinder in ihre Zimmer. Frau Meyer räumt die Spülmaschine ein und die Küche auf. Die Zeit, bis die Kinder wieder da sind, will Frau Meyer nutzen, um Flur, Küche und Badezimmer zu wischen. Sie wird durch zwei Telefongespräche gestört. Die Schwiegermutter möchte wissen, ob es beim Termin für das kommende Wochenende bleibt. Und ein Freund ihres Sohnes möchte sich zum Spielen verabreden. Frau Meyer stimmt zu. Max kann seine Hausaufgaben schließlich auch abends machen; dann kann ihr Mann sie auch beaufsichtigen.

Inzwischen ist Lena wieder munter und spielt im Flur im Wischwasser Schiffe versenken. Frau Meyer gibt den Plan, auch noch Küche und Bad zu wischen, auf und räumt Wassereimer, Schrubber usw. weg. Vielleicht kommt sie im Laufe des Spätnachmittages nochmals dazu, wenn ihr Mann nach Hause kommt und sich um die Kinder kümmern kann.

Kurzporträt von Herrn und Frau Mai, beide berufstätig

In der Mittagspause kauft Herr Mai, sein Büro liegt in der City, fürs Abendessen ein. Er ärgert sich wieder darüber, daß er seine Pause im Supermarkt an der Kasse wartend verbringen muß, aber der Frischwareneinkauf ist nicht anders zu organisieren. Einen Einkaufszettel hat er wieder nicht dabei.

Egal – zu Hause wird ihm und seiner Frau schon einfallen, was sie aus den gekauften Lebensmitteln zaubern können. Heute ist eh Mittwoch, und da haben er und seine Frau nicht soviel Zeit, um in Ruhe zu Abend zu essen, denn sie haben beide ihren Sportabend.

Frau Mai entschließt sich nach ihrem Feierabend noch schnell, mit dem Wagen durch die Waschanlage zu fahren. Da sie davon ausgeht, daß das gemeinsame Abendessen wegen des Sports ausfällt, ißt sie unterwegs Pommes mit Currywurst. Zu Hause sind beide verstimmt, weil sie sich nicht abgestimmt hatten.

Und wie gefällt Ihnen folgende Version?

Kurzporträt von Familie Frost; beide Eltern berufstätig, Sohn Ralf (4)

Es ist Samstag morgen. Die Frühstücksvorbereitungen werden zur vergnüglichen Gemeinschaftsaktion mit Ralf als Helfer. Danach geht's nach draußen – mit dem Ball, dem Springseil oder den Fahrrädern. Ralf und Eltern laufen, springen, klettern um die Wette.

Nach dem schnellen Mittagessen ist Ruhe angesagt – zum Schlafen, Trödeln, Lesen, je nach Lust und Laune. Wenn Ralf wieder wach und die Stille ohnehin vorüber ist, wird aufgeräumt und gespült. Der Vater scheuert Bad und Toilette und saugt die Böden, Mutter wäscht Buntwäsche und setzt das Abendessen an; Ralf leert die Papierkörbe und pendelt zwischen den Eltern, hilft mal hier und mal da. In eineinhalb Stunden ist alles geschafft. Das Ganze geschieht gut gelaunt und ohne Hektik und Streß.

Drei kleine Szenarien verschiedener Tagesabläufe - wie sähe eine typische Facette in Ihrem Haushalt aus?

SACHINFO

EINIGE BEGRIFFE – KURZ ERLÄUTERT

Haushalte sind Personen oder Personengruppen, die zusammenleben und wirtschaften: eine Familie, eine Wohngemeinschaft, eine nicht-eheliche Lebensgemeinschaft, ein Single-Haushalt oder eine Mischform.

Hausarbeiten sind manuelle Tätigkeiten der bzw. für die Haushaltsangehörigen. Hausarbeiten umfassen:

- Nahrungszubereitung
- Wohnungsreinigung
- Wäschepflege
- Einkaufen
- Vorratshaltung, Gartenpflege und sonstiges

Familienarbeit umfaßt die personenbezogenen sozialen Handlungen im Haushalt wie:

- Be- und Erziehungsarbeit
- Baby- und Kleinkindpflege (Füttern, Wickeln, Baden, Anziehen)
- Kinderbetreuung (Spielen, Bring-/Abholdienste)
- Schulaufgabenbeaufsichtigung
- Alten- und Krankenpflege
- Pflege von Sozialkontakten

Haushaltsführung ist das Koordinieren und Delegieren aller Handlungen und Entscheidungen der privaten Versorgung.
Typische Haushaltsführungsaufgaben sind:

- Planung der Hausarbeit
- Haushaltsbuchführung
- Planung der Mahlzeiten und Einkäufe
- Terminmanagement im Haushalt
- Orientierung über Marktangebote und Verbraucherinformationen

Haushaltsarbeit umfaßt Hausarbeit, Familienarbeit und Haushaltsführung.

Stellenausschreibung für einen

Arbeitsplatz im Haushalt

Sie bevorzugen Führungsaufgaben und ein vielseitiges, lebenswichtiges Tätigkeitsfeld? Sie möchten sich für das leibliche, seelische und soziale Wohl anderer einsetzen? Dann sind Sie der richtige Vorstand für das Unternehmen Privathaushalt – eins von 35,7 Millionen in Deutschland.

Die durchschnittliche Haushalts- bzw. Unternehmensgröße beträgt 2,3 Mitarbeiter/innen. Im konkreten Fall vertreten Sie einen der etwa 12 Mio. Ein-Personen- bzw. 11,2 Mio. Zwei-Personen-, 6 Mio. Drei-Personen-, 4,73 Mio. Vier-Personen- oder 1,8 Mio. Fünf- und Mehrpersonen-Haushalte.

Als **ALLROUND-HAUSHALTSMANAGER/IN** erfüllen Sie sowohl für die Gesellschaft als auch für die einzelnen Haushaltsmitglieder und die Familie wichtige Aufgaben:

1 (Re-)generative Aufgaben:

- Aufziehen des Nachwuchses
- Wiederherstellung und Erhaltung der „Arbeits"-Kraft für Beruf, Schule und Kindergarten
- Betreuung und Pflege bei Krankheit, Behinderung und Alter

2 Soziale Aufgaben:

- Erziehung der Kinder und Vermittlung von Werten und Normen, Ethik und Kultur
- Zusammenleben verschiedener Generationen
- Befähigung zur gesellschaftlich nützlichen Integration

3 Ökonomische Aufgaben:

- Materielle Versorgung und Bedürfnisbefriedigung der Haushaltsmitglieder

4 Ökologische Aufgaben

- Erhaltung der Umwelt und Verantwortung für die Nachkommen
- Rücksichtnahme auf globale Auswirkungen individueller Verhaltensweisen

Ihre Hauptarbeitsgebiete:

- Führen eines Haushaltes mit in der Regel mehreren Mitgliedern
- Alle Arten von Hausarbeit: Nahrungszubereitung, Wäschepflege, Wohnungsreinigung, Einkauf, Gartenpflege, Beschaffung, Instandhaltung bzw. Entsorgung der Güter des Haushalts- und Lebensbedarfs
- Betreuung von Schutzempfohlenen

Was wird von Ihnen erwartet?

- Flexibilität in Bezug auf Aufgaben und Arbeitszeiten
- Hohe Einsatzbereitschaft und Belastbarkeit
- Gute Fähigkeiten zur Teamarbeit und Konfliktbereitschaft
- Eigeninitiative und selbständiges Arbeiten

Was wird Ihnen geboten?

- Keine soziale und ökonomische Absicherung
- Ein isolierter Arbeitsplatz
- 7-Tage-Woche
- Schnelle Routine durch ständig wiederkehrende Arbeiten
- Begrenzte Gestaltungsfreiheit des eigenen Tages durch von außen gesetzte Bedingungen wie Arbeits- und Öffnungszeiten bzw. begrenzt disponible Zeiten zum Schlafen, Essen usw.
- Behinderung der Karriere, wenn durch die Pflichten im Haushalt der Beruf ganz, teil- oder phasenweise aufgegeben wird.

EXKURS

WERT UND BEWERTUNG DER HAUSARBEIT

Angesichts der Funktionen, die der Haushalt für jede/n einzelne/n und die Gesellschaft hat, und seiner für Leben und Unterhalt elementaren Bedeutung ist es erstaunlich, wie gering Haushaltsarbeit anerkannt und wertgeschätzt ist.

Ursachen dafür sind z. B.:

→ Haushaltsarbeit zählt nicht (mit), weil sie nicht bezahlt wird. Sie wird geleistet gegen Kost, Kleidung und Logis. Dabei sind viele Karrieren und Leistungen nur dadurch möglich, daß jemand zu Hause ist und von den lästigen Notwendigkeiten für den bloßen Lebensunterhalt entlastet.

→ Die Pflege des Haus- und Familienlebens erscheint nicht gesellschaftlich relevant und attraktiv, weil sie nicht in der Öffentlichkeit, sondern „rein privatissime" angesiedelt ist.

Die im Haushalt geleisteten Arbeitsstunden, der Wert der Leistungen von Privathaushalten und der Vergleich mit Lohntarifen in der Wirtschaft führen diese Geringschätzung ad absurdum.

Im Jahr werden ca. 59 Mrd. Stunden im Haushalt gearbeitet, wie das Bundesministerium für Familien und Senioren 1994 veröffentlichte. Die Familienarbeit, d.h., Kinderbetreuung, Alten- und Krankenpflege, ist hier noch nicht einmal berücksichtigt. Durchschnittlich arbeitet jede/r Westdeutsche ab 12 Jahren gut 21 Stunden in der Woche im Haushalt, Frauen mit fast 27 Wochenstunden im Schnitt wesentlich mehr als Männer mit etwa 15 Stunden. Zum Vergleich: Im Erwerbssektor werden „nur" 47 Mrd. Arbeitsstunden pro Jahr geleistet.

In den privaten Haushalten wird täglich unbezahlt gekocht, geputzt, gewaschen und renoviert. Daneben werden Kinder betreut, Kranke und Pflegebedürftige versorgt und der Haushalt organisiert. All diese (sozialen) Leistungen bleiben bei der Wirtschaftsberichter-

weiter nächste Seite

EXKURS

stattung außen vor – mit ein Grund dafür, daß sie bisher nicht entsprechend gesellschaftlich anerkannt wurden. Alle bezahlten Leistungen fließen in das Bruttoinlandsprodukt ein, dem maßgeblichen Indikator für die Leistung der Wirtschaft.

Würden die privat geleisteten Arbeiten „verrechnet", hätten sie in etwa denselben Umfang wie die Arbeitsleistungen im produzierenden Gewerbe; Leistungen in privaten Haushalten entsprechen 1.002 Mrd. DM, im produzierenden Gewerbe 1.006 Mrd. DM. Der Gesamtwert aller in Haushalten erbrachten Leistungen entsprach 1991 mindestens 38 Prozent des Bruttoinlandsproduktes.

Wieviel die Arbeitsleistungen im Haushalt (sozial und finanziell) wert sind, wird oft genug erst dann deutlich, wenn es zu Störungen oder gar zu Ausfällen kommt, z. B. durch Krankheit, Verletzung oder Tod der „Haushälterin". Müßten diese Arbeiten von einer „Haushaltsfremden" geleistet werden, ergäbe sich für sie ein Nettolohn von etwa 2.550 Mark je Monat – Steuern, Sozialversicherungsbeiträge, Urlaubs- und Krankheitstage noch nicht berücksichtigt. Konkret stellt sich die Frage nach dem Wert und der Bewertung, wenn es darum geht, die durch Verschulden Dritter ausgefallene Hausfrau zu ersetzen.

Streßfördernde Faktoren für die Haushaltsarbeit

- Planlosigkeit (z. B. keine Speise-, Einkaufs- und Arbeitspläne)
- Unkonzentriertes, unrationelles Vorgehen
- Keine, einseitige bzw. halbherzige Aufgabenverteilung
- Kinderbetreuung als nervige Nebensache
- Die verschiedensten kleinen Arbeitsaufgaben mit ständigem Arbeitsplatzwechsel
- Viele Störungen und Arbeitsunterbrechungen
- Keine (Erholungs-)Pausen
- Ständiges Improvisieren aus Platzmangel (z. B. zum Bügeln, Nähen usw.)
- Unnötig anstrengendes und ergonomisch ungünstiges Arbeiten (z. B. Bügeln im Stehen)

② Vorteile durch Zeitplanung

Die zeitliche Planung der Haushaltsarbeit verschafft eine Reihe von Vorteilen, wie die folgende Gegenüberstellung zeigt:

Haushalt mit Planung

- Souveräner Umgang mit Zeit
- Kostengünstige Wege werden genutzt
- Alles von Bedeutung wird erledigt
- Ökologisch verantwortliche Haushaltsführung
- Zeit für sich selbst, Familie und Freunde
- Alle Haushaltsmitglieder packen mit an

Haushalt ohne Planung

- Im Zeitstrudel treiben
- Kostenintensive Vorgehensweisen
- Einen Berg unerledigter Arbeiten vor sich herschieben
- Auf Umweltbelange kann keine Rücksicht genommen werden
- Bis zur Erschöpfung arbeiten
- Alles bleibt an einer Person hängen

Sicher enthält diese Gegenüberstellung Extreme; aber ist die sogenannte Freiheit, um die man sich durch eine bewußte Planung zu bringen glaubt, nicht eher unorganisiertes Sich-Treiben-Lassen ohne Rücksicht auf Kosten, Umwelt, Gesundheit und partnerschaftliches Miteinander?

Da Zeit für viele von uns ein knappes Gut geworden ist, werden wir in diesem Ratgeber besonderes Augenmerk auf den Zeitvorteil legen. Werden alle Arbeiten geplant erledigt, kann mit mehr freier unverplanter Zeit gerechnet werden. Als Beispiel möchten wir den Einsatz eines „banalen" Speisezettels anführen:

ZEITBEDARF: SPEISENPLANUNG UND EINKAUF

Speisezettel und Einkauf – ungeplant	Zeitbedarf
Spontane Entscheidung für ein Menü bzw. ein Lebensmittel durch: *– Inspizieren der Vorräte* *– Inspiration durch Kochbücher* 10 min pro Tag	70 min
Frischwareneinkauf: 2mal pro Woche à 30 min	60 min
Wochengroßeinkauf: 1mal pro Woche à 60 min	60 min
Nachkauf, weil etwas fehlt: 1mal pro Woche à 30 min	30 min
Zeitbedarf pro Woche	**3 h 40 min**
Speisezettel und Einkauf – geplant	
Erstellen eines Speisezettels und Ableitung der Einkaufszettel: 1mal pro Woche à 30 min	30 min
Frischwareneinkauf: 2mal pro Woche à 30 min	60 min
Wochengroßeinkauf: 1mal pro Woche à 60 min	60 min
Zeitbedarf pro Woche	**2 h 30 min**

Weitere Zeit läßt sich einsparen, wenn man einmal einen grundsätzlichen Speiseplan für zwei bis vier Wochen für die tägliche Hauptmahlzeit zusammenstellt. Wenn man diesen Plan unter Berücksichtigung von Saisonzeiten und Sonderangeboten wiederholt, kommt man in einen entlastenden Rhythmus. Das Muster für einen 3-Wochen-Plan auf Seite 16 soll eine Anregung sein. Sie brauchen nur noch für jeden Tag das Menü und ein entsprechendes Zeichen einzutragen.

So wie Speisenplanung und Einkauf lassen sich auch alle anderen Arbeitsfelder im Haushalt planen. Mehr Informationen dazu erhalten Sie in unserem Management-Programm (ab Seite 37).

GRUNDGERÜST EINES 3-WOCHEN-SPEISEPLANES

	1. Woche	2. Woche	3. Woche
Montag	*Erbsen-suppe ZX*	*Gemüse-risotto*	
Dienstag			
Mittwoch			
Donnerstag			
Freitag			
Samstag			*Erbsen-suppe Y*
Sonntag	*Gemüse-risotto W*		

W = Reste für den nächsten Tag
Y = Aus Gefriergerät entnehmen
X = Einen Teil einfrieren
Z = Wochenvorrat

③ Mein Umgang mit Zeit

Den Haushalt und damit einen Kernbereich des Alltags zeitlich gut oder besser zu managen – das ist das Ziel. Um dieses Ziel zu erreichen, ist es hilfreich, sich einmal bewußt zu machen, wie Sie zur Zeit mit Ihrer Zeit umgehen. Die folgenden beiden kleinen Tests geben ein wenig Aufschluß über Ihr Zeitgefühl und mögliche Zeitprobleme.

Zeitgefühl
Wann hatten Sie zuletzt das Gefühl, ausreichend Zeit für sich zu haben? Vor einer Woche? Einem Monat?
Wann haben Sie das letzte Mal, sagen wir für drei Stunden, nur das gemacht, wozu Sie Lust hatten? Vielleicht letztes Wochenende?
Können Sie sich sofort erinnern oder ist beides schon in Vergessenheit geraten?

Zeitprobleme
Aktionismus, Streß und Zeitnot gehören heute scheinbar zum Leben – gleich, wie alt man ist, und gleich, welchen Beruf man hat, ob Manager oder Schüler, Freiberufler oder Hausfrau und Mutter.
Aus diesen Nöten wurden sogar „not-wendige" Tugenden gemacht:
→ *Hektik = dynamischer Mensch*
→ *Voller Terminkalender = wichtige Persönlichkeit*
→ *Uhr im Nacken = es ist immer was los.*
Die Kehrseite dieser Positivbesetzung: Glücklich sind die wenigsten damit.

WIE SIEHT ES MIT MEINEM ZEITGEFÜHL AUS?

Ergänzen Sie die Sätze und Sie erfahren mehr darüber, wie Sie mit Ihrer Zeit umgehen:

Die meiste Zeit am Tag geht drauf für ....

....

Zu wenig Zeit habe ich immer für ....

....

Zeit sparen könnte ich bestimmt mit ....

....

Unter großem Zeitdruck fühle ich mich immer ....

....

Dürfte ich aus meinem Tagesplan etwas streichen, wäre es ....

....

Verschwendete Zeit ist für mich ....

....

Besonders kostbar ist mir meine Zeit für ....

....

Ich langweile mich vor allem, wenn ....

....

Nach einem stressigen Tag entspanne ich mich am besten mit ....

....

Wenn jeder Tag eine Stunde mehr hätte, würde ich sie nutzen für ....

WO BLEIBT MEINE ZEIT?

Zeitprobleme äußern sich auf diverse Arten. Je nachdem, wie Sie die folgenden Thesen beantworten, erfahren Sie, warum manchmal die Zeit einfach nicht reicht.

	Ja	Nein
Ich fühle mich eigentlich ständig unter Zeitdruck	[ ]	[ ]
Auch wenn ich den ganzen Tag gearbeitet habe, bin ich abends oft unzufrieden, weil so viel unerledigt geblieben ist	[ ]	[ ]
Ich schlafe oft schlecht, weil ich an bevorstehende Arbeiten denke	[ ]	[ ]
Größere Arbeiten kann ich kaum planen, weil ich vom täglichen Kleinkram ständig voll beansprucht werde	[ ]	[ ]
Oft glaube ich, daß alles an mir hängen bleibt	[ ]	[ ]
Ich wundere mich oft, daß andere Leute noch Zeit für Hobbys oder Weiterbildung finden	[ ]	[ ]
Ich weiß oft kaum, wie ich alle Termine einhalten kann	[ ]	[ ]
Ich habe selten einen freien Abend ohne Verpflichtungen	[ ]	[ ]
Ich habe oft das Gefühl, ständig einen riesigen Berg Arbeit vor mir herzuschieben	[ ]	[ ]
Unvorhergesehene Probleme oder Verzögerungen bringen mich völlig aus der Fassung	[ ]	[ ]
Ich muß oft Abmachungen absagen oder verschieben, weil andere Verpflichtungen dazwischenkommen	[ ]	[ ]
Ich habe oft ein schlechtes Gewissen, weil ich versprochene Arbeiten nicht erledigt habe	[ ]	[ ]
Ich bitte oft um Entschuldigung, weil ich für etwas keine Zeit mehr hatte	[ ]	[ ]
Ich neige dazu, das „Anfangen" immer wieder zu verschieben	[ ]	[ ]

Zur Auswertung benötigen Sie keinen ausgeklügelten Lösungsschlüssel: Je mehr Ja-Antworten Sie sich geben, desto größer sind Ihre Schwierigkeiten mit der Zeit. Speziellen Zeitproblemen kommen Sie in unserem Management-Programm auf die Spur. (Siehe auch Seite 42)

TIP

MEIN 1. HILFE-PLAN

Vielleicht haben Sie sich gerade Ihre Probleme mit Ihrer Zeit vor Augen geführt. Für den Fall, daß Sie spontan Ihr Dilemma mit der Zeitnot abwenden wollen, bieten wir Ihnen an dieser Stelle einen Maßnahmenkatalog für eine Entlastung auf die Schnelle an. Unser Management-Programm (ab Seite 37) können Sie sich dann zu einem anderen, ruhigeren Zeitpunkt vornehmen.

Wenn Sie sich mit diesen Nothelfer-Ratschlägen befassen, können Sie gleich eine kleine Übung damit verbinden: Bringen Sie sich in Pausen-Stimmung und legen Sie Streß und Hetze ab. Schauen Sie sich die Punkte an und überlegen Sie in möglichst entspannter Atmosphäre, was einfach, nur mit zusätzlichem Aufwand oder vorerst gar nicht geht. Die Umsetzung eines Punktes, vielleicht auch eines zweiten, bringt Sie schon auf den Weg.

① Versuchen Sie, sich darüber klar zu werden, was Ihnen am wichtigsten ist, was an zweiter und was an dritter Stelle steht, z. B. Familie-Beruf-Haushalt. Welche Reihenfolge sich auch ergibt, sie hat mindestens hinsichtlich des Zeitaufwandes und des Ausmaßes Ihrer Hinwendung Konsequenzen. Und deshalb brauchen Sie sich nicht immer das schlechte Gewissen zu machen, wenn Sie nicht allen (nachgeordneten) Anforderungen gerecht werden.

② Das Zusammenleben soll Spaß machen. Deshalb ist es mitunter erforderlich, von einem ausgeprägten Perfektionismus Abschied zu nehmen. Mit anderen Worten: Man darf sehen, daß in der Wohnung Menschen leben.

③ Hausarbeit sollten Sie nicht in der Zeit machen, wenn die Kinder schlafen. Einerseits sollte diese Zeit der eigenen Erholung dienen, andererseits sollten Kinder frühzeitig in die Hausarbeit integriert werden, also beim Putzen, Kochen und Waschen mitmachen.

④ Wenn Sie sich mit Ihrem/r Partner/in notwendige Betreuungszeiten (Spiel, Schulaufgaben , Krankenpflege, Babysitting) teilen, gibt die jeweilige Betreuungspause Luft und Zeit (für sich selbst).

weiter nächste Seite

TIP

⑤ Eines besonderen Augenmerks bedürfen die Wochenenden. Sie sollten von allen gemeinsam geplant und nicht überfrachtet werden. Neben der Erledigung aller notwendigen Arbeiten, z. B. Putzen, Einkauf, Aufräumen, sollte *eine* gemeinsame Aktion, z. B. Besuch, Ausflug, im Mittelpunkt stehen. Soviel Zeit muß sein.

⑥ Unter Umständen muß nicht nur der Haushalt, sondern auch das Kinderprogramm überprüft und ggf. abgespeckt werden. Lassen Sie Aktivitäten außerhalb der Schule oder des Kindergartens möglichst in Wohnungsnähe stattfinden bzw. verlagern Sie sie, um lange und stressige Fahrtzeiten zu vermeiden.

⑦ Geselliges Beisammensein fördert das Gefühl angenehm verbrachter Zeit. Zeitliche Entlastungen, z. B. à la „Heute bleibt die Küche kalt", können Sie sich verschaffen, indem Sie Besuche machen (und sich „bekochen" lassen), Einladungen aussprechen, ohne sich ein Drei-Gänge-Menü anzutun, auswärts Essen gehen.

⑧ Für Notfälle, z. B. eigene Erkrankung, Ausfall der Tagesmutter oder plötzliche Schließung des Kindergartens, sollten Sie ein Sicherheitsnetz haben bzw. aufbauen, d. h., nicht nur eine, sondern mehrere Personen parat haben, die im Bedarfsfall für die Kinderbetreuung einspringen können. Deren Adressen müssen gepflegt werden.

⑨ In besonders angespannten Zeiten, wie Umzug, Umbau, Renovierung, Stellenwechsel, kann der Haushalt auf ein absolutes Minimun dadurch heruntergefahren werden, indem man z. B. beim Putzen die Toleranzgrenze hochschnellen läßt, Fertig- und Tiefkühlgerichte auf den Tisch kommen, wenn die eigenen Vorräte nicht aushelfen, oder warme Mahlzeiten ganz ausfallen und Schnellimbisse in Form von Butterbroten, Obst und Gemüserohkost verzehrt werden. Wenn Sie sich solche Zugeständnisse leisten, wird der Druck reduziert und die Beruhigung kann schneller eintreten.

TIP

⑩ Stellen Sie für mehrere Wochen einen Speiseplan auf (Muster siehe Seite 16). Er bildet gleich die Grundlage des Einkaufszettels für den wöchentlichen Großeinkauf. Die Wiederholung, z. B. im Drei-Wochen-Rhythmus, sorgt immer noch für die notwendige Abwechslung.

⑪ Erstellen Sie zusammen mit den Haushaltsmitgliedern einen verbindlichen Wochenplan für alle Hausarbeiten. Hängen Sie diesen Plan „zentral" als Gedächtnisstütze auf. Er enthält genaue Angaben, wann wer was zu tun hat.

⑫ Die Dreifachrolle in Familie, Haushalt und Beruf ist anstrengend und sollte immer wieder überdacht und auf Verbesserungen abgeklopft werden. Zum Beispiel: Sind die Kinder jetzt groß genug, um für bestimmte Aufgaben (Mit-)Verantwortung zu übernehmen, oder: Gibt es nicht doch die Möglichkeit, die Arbeitszeit zu reduzieren?

⑬ Beim Wunsch nach Teilzeit sollten Sie dem Arbeitgeber die Situation offen darlegen. Informationen zu dieser Thematik halten eventuell auch der Betriebsrat oder die betriebliche Gleichstellungsbeauftragte bereit.

⑭ Sie sparen außerdem Zeit, wenn Sie auch im Beruf zu Ihrer privaten Situation stehen. Nach der Devise: „Ich habe ein Kind, also bestimmte Verpflichtungen und kann nicht beliebig Überstunden / Wochenendtermine / Dienstreisen übernehmen."

④ Meine Zeitbilanz

Überblicken Sie, mit welchen Tätigkeiten Ihr Tag angefüllt ist und wieviel Zeit diese in Anspruch nehmen? Ziehen Sie ab und zu einmal Bilanz. Das hat viele Vorteile:

- Die Ursachen für Streß und Hektik werden sichtbar.
- Sie werden sich nicht mehr vornehmen als leistbar ist.
- Sie können Ihre freie, unverplante Zeit realistischer einschätzen und besser nutzen als bisher.
- Hausarbeiten können gerechter auf alle Haushaltsmitglieder verteilt werden, wenn alle Beteiligten ihre freie, unverplante Zeit ermitteln.

Ihre Zeitbilanz zeigt Ihnen, daß und wie der Tag mit den unterschiedlichsten Beschäftigungen ausgefüllt ist. Einige Dinge tun Sie vielleicht ungern, und gerade die nehmen Sie zeitlich stark in Anspruch. Andere Dinge sind Ihnen vielleicht sehr wichtig, aber unter Umständen müssen Sie sich die Zeit dafür stehlen. Da ein Tag nur 24 Stunden hat, müssen zwangsläufig Prioritäten gesetzt werden.

Je nach Lebensphase (z. B. Familiengründung, Pensionierung) und Haushaltstyp (z. B. Single-Haushalt, Familie) gibt es sehr verschiedene Schwerpunktsetzungen in der Gestaltung des (Haushalts-)Alltags. Einzelne Lebensbereiche und Aufgaben haben für jede und jeden unterschiedliche Bedeutung – oder Priorität. Nähere Informationen zur Prioritätensetzung erhalten Sie im Management-Programm ab Seite 64.

SACHINFO

BERECHNUNGSGRUNDLAGEN FÜR DIE ZEITBILANZ

Die maximal jeder und jedem zur Verfügung stehende Zeit von *24 Stunden pro Tag* und *168 Stunden pro (7 Tage-)Woche* haben wir in drei verschiedene Zeitkategorien eingeteilt:

Feste Zeitbindungen
Diese umfassen alle Tätigkeiten, die vorgegeben sind bzw. verrichtet werden müssen (z. B. Mindestschlafdauer, Essen und Trinken, Arbeits-, Schul- und Kinderhortzeiten, Kinderversorgung, Krankenpflege ...). D. h., es gibt in der Regel keinen Spielraum – analog zu Miete, Strom-, Wasserkosten, Steuern und Gebühren beim Haushaltseinkommen.

Freiwillige Zeitbindungen
Das sind die Tätigkeiten, die zu selbstbestimmten und regelmäßigen Zeitverbräuchen führen (Sportverein, Fortbildung, ehrenamtliche Tätigkeiten, Theater-Abo). Hier gibt es durchaus Spielräume, Abstriche bzw. Ausweitungen vorzunehmen.

Frei einteilbare Zeit
Diese Zeitkategorie umfaßt den zeitlichen Spielraum, den man für Tätigkeiten hat, die man flexibel planen und spontan gestalten kann: für Kontakte, Einkäufe, Hobbys, Faulenzen, zum Kochen, Putzen, Waschen ....

Damit ergibt sich die„Zeitbilanzformel“:

  Zur Verfügung stehende Zeit pro Woche
– Feste Zeitbindungen
– Freiwillige Zeitverpflichtungen

= Frei einteilbare Zeit pro Woche

weiter nächste Seite

SACHINFO

Beispiel:

Für unser Wochenbeispiel haben wir eine Rücklage von *14 Stunden* durch einen unverplanten Sonntag gebildet, um gleich etwas Ruhe und Freizeit ins Zeitbudget zu bringen. Diese ergeben sich nach Abzug von 10 Stunden für (Aus-)Schlafen, Körperpflege und Essen und bleiben bei der Bilanzierung außen vor. Die zur Verfügung stehende Gesamtzeit pro Woche beläuft sich demnach auf *154 Stunden*.

		Zeitbedarf
Feste Zeitbindungen:		
Schlafen (7 x 8 h)		56 h
+ Essen, Körperpflege (7 x 2 h)	+	14 h
+ Arbeit incl. Pausen und Wege (5 x 9,2 h)	+	46 h
Zwischensumme:	=	**116 h**
Freiwillige Zeitbindungen:		
Elterngruppe		2 h
+ Fernsehen, Zeitung	+	5 h
+ Squash	+	2 h
Zwischensumme:	=	**9 h**
Frei einteilbare Zeit		
Zur Verfügung stehende Zeit pro Woche		154 h
– Feste Zeitbindungen	–	116 h
– Freiwillige Zeitbindungen	–	9 h
Frei einteilbare Zeit pro Woche	=	**29 h**

Umgerechnet bleiben täglich knapp fünf Stunden für Kindererziehung, zum Einkauf, Putzen, Waschen, zur Blumenpflege, zum Lesen, Hobby, für Besuche, zum Telefonieren, Briefe schreiben …
Wie sieht es bei Ihnen aus?

WIEVIEL ZEIT BLEIBT MIR ÜBRIG?

Ermittlung Ihres persönlichen, frei einteilbaren Zeitvolumens pro Woche; siehe auch Sachinfo, Seite 24

	Zeitbedarf
Feste Zeitbindungen:	
Schlafen	.... h
+ Essen, Körperpflege	+ .... h
+ Arbeit / Schule / Kindergarten	+ .... h
+ Verpflichtungen, z. B. Kinderversorgung, Altenpflege	+ .... h
+	+ .... h
+	+ .... h
+	+ .... h
Zwischensumme:	+ .... **h**
Freiwillige Zeitbindungen:	
Ehrenamtliche Tätigkeit (Verein, Partei, Umweltschutz)	.... h
+ Fortbildung	+ .... h
+ Medien	+ .... h
+ Sport, Spiel, Kultur	+ .... h
+ Handwerkliche Tätigkeiten	+ .... h
+	+ .... h
+	+ .... h
+	+ .... h
Zwischensumme:	+ .... **h**
Frei einteilbare Zeit	
Zur Verfügung stehende Zeit pro Woche (max. 168 h)	.... h
– Zwischensumme Feste Zeitbindungen	– .... h
– Zwischensumme Freiwillige Zeitbindungen	– .... h
Frei einteilbare Zeit pro Woche:	= .... **h**

Natürlich ist es sinnvoll, daß jedes Haushaltsmitglied seine Zeit bilanziert, um Über- bzw. Unterforderungen zu vermeiden. Halten Sie bitte die zeitlichen Spielräume aller Haushaltsmitglieder fest.

FREI EINTEILBARE ZEIT IN MEINEM HAUSHALT

Zeitlicher Spielraum von *	.... h
Zeitlicher Spielraum von *	.... h
Zeitlicher Spielraum von *	.... h
Zeitlicher Spielraum von *	.... h
Zeitlicher Spielraum von *	.... h
Gesamtergebnis	.... **h**

*** Name des jeweiligen Haushaltsmitgliedes**

EXKURS

HAUSHALT UND KINDER

Die Kinderbetreuung beansprucht viele Eltern bzw. Alleinerziehende nervlich und zeitlich in hohem Maße. Die Ursachen können häufig in veränderten gesellschaftlichen Rahmenbedingungen gefunden werden:

- Viele Sprößlinge wachsen als Einzelkinder auf. Das Spielen ergibt sich nicht mehr spontan, z. B. mit Geschwistern oder Nachbarskindern. Statt dessen werden die Eltern nicht selten zu Animateuren, Transporteuren und Organisatoren.
- Draußen können Kinder, z. B. wegen des Straßenverkehrs, kaum mehr unbeaufsichtigt spielen. Auch aus diesem Grund halten sie sich oft in der Wohnung auf, ihre Freizeitgestaltung ist sehr medienorientiert.
- Die (technische) Ausstattung der Haushalte trägt dazu bei, daß Kinder nicht mehr in die Hausarbeit einbezogen werden. Eine Folge kann sein, daß der Nachwuchs eine ausgeprägte Konsumhaltung in bezug auf die häusliche Versorgung an den Tag legt. Die Technik ermöglicht es andererseits, daß verschiedene Tätigkeiten gleichzeitig erledigt werden, z. B. Einsatz des Schnellkochtopfes, Raspeln des Salates mit der Küchenmaschine und gleichzeitige Kinderbetreuung. Hierfür ist zwar weniger Kraft, aber mehr Konzentration erforderlich. Die Belastung steigt.
- Kinder stehen unter einem enormen sozialen Konsumdruck. Wer dazugehören will, muß sich dem „Lifestyle" und „Outfit" der Bezugsgruppe anpassen. Die Konsumerziehung stellt die Eltern häufig vor eine schwierige neue Aufgabe.
- Unabhängig von diesen Rahmenbedingungen bleibt die Tatsache bestehen, daß Kinder in ihrer Haltung, ihren Verhaltensweisen und Einstellungen immer noch durch die selbst erlebten Vorbilder geprägt werden.

Ein Grund, warum die erzieherischen und organisatorischen Aufgaben nervlich und zeitlich in hohem Maße belasten, liegt auch in der unzureichenden öffentlichen Betreuung und den hohen Kosten individueller Lösungen, z. B. Tagesmutter und private Initiativen zur Kinderbetreuung. Hinzu kommt, daß das Schulsystem häufig auf „Hauslehrer(in) Mama und Papa" setzt.

⑤ Mein Haushaltsproblem

Abhängig von Alter, Lebensphase, Haushaltstyp usw. kann die Haushaltsarbeit ganz schön stressig, unbeliebt oder mühevoll sein. Vielleicht reicht die Zeit einfach nicht, um den Haushalt richtig zu „schmeißen". Oder die Zeit, die jedes Haushaltsmitglied für den Haushalt „opfert", ist sehr ungerecht verteilt. Bei der Beantwortung der Fragen auf Seite 31 kommen Sie Ihrem Haushaltsproblem auf die Spur.

Sollten Sie feststellen, daß Ihr Hauptknackpunkt darin liegt, daß Sie sich immer wieder mit der Arbeit verzetteln, ständig die Uhr im Nacken haben oder selten pünktlich fertig sind, finden Sie Ansatzpunkte zur Lösung des Problems *„Zeitdruck"* im Management-Programm unter Punkt 6·3·1, ab Seite 43.

Wenn Ihr Hauptproblem darin liegt, daß Sie alleine vor der ganzen Haushaltsarbeit stehen und sich die übrigen Haushaltsmitglieder gar nicht oder nur wenig mitkümmern, finden Sie mögliche Lösungen gegen *„Arbeitsdruck"* unter Punkt 6·3·2, ab Seite 52.

Es kann aber auch sein, daß Sie deshalb vielleicht Streß im Haushalt haben, weil alles immer 100prozentig sein soll und weil Sie allen und allem stets gerecht werden möchten. Und wenn es mal nicht klappt, haben Sie ein schlechtes Gewissen. Wenn Sie sich in dieser Beschreibung wiederfinden, zeigen wir Ihnen Lösungsmöglichkeiten für Ihr Dilemma *„Leistungsdruck"* unter Punkt 6·3·3, ab Seite 62.

Wenn Sie also jetzt schon benennen können, wo Ihr Hauptproblem liegt, können Sie gleich den für Sie zutreffenden Programmteil in Angriff nehmen. Sind Sie aber noch unsicher, schlagen wir Ihnen vor, als ersten Schritt eine Ist-Analyse für Ihren Haushalt (Punkt 6·1 des Management-Programms) zu machen. Hierbei wird schnell deutlich, wo etwas im argen liegt. Auch die unter Punkt 6·2 geschilderten Zeitprobleme, Ursachen und Lösungsmöglichkeiten erleichtern die Auswahl der für Ihr Haushaltsproblem relevanten Maßnahmen.

Unabhängig davon, ob Sie das komplette Management-Programm oder Teile daraus in Ihrem Haushalt realisieren möchten, ist es sinnvoll, von vornherein alle Haushaltsmitglieder einzubeziehen; denn erfahrungsgemäß ist es nicht so leicht, im Alleingang einen eingefahrenen (Familien-) Haushalt neu zu organisieren. Dieses Unterfangen setzt Teamarbeit voraus.

Der erste Schritt sollte also in einem Gespräch – sozusagen am Runden Tisch – mit dem Partner bzw. der Partnerin, den Kindern oder den übrigen Haushaltsmitgliedern bestehen. Auf diese Weise werden keinem die Veränderungen übergestülpt. Wichtig ist dieses Gespräch auch deshalb, weil sich alle Haushaltsmitglieder umgewöhnen müssen, egal, ob und inwieweit sie selbst „drankommen".

Sie haben sicher gemerkt, wie „geschäftsmäßig" dieser Vorgehensvorschlag klingt. Bewußt haben wir die Erfolgsgrundsätze, die „draußen" Gültigkeit haben, ins Haus übertragen.

WO LIEGT MEIN HAUSHALTSPROBLEM?

Nennen Sie wenigstens eine Situation in Ihrem Haushalt, die im Moment enorm stressig für Sie ist (z. B. alle Arbeit bleibt an Ihnen hängen; Zeitdruck; schlechtes Gewissen; fehlender Plan)

....

....

Listen Sie bitte auf, welche Dinge Sie ändern bzw. nicht ändern können

A. Was kann ich ändern? ....

....

....

B. Was kann ich nicht ändern? ....

....

....

Bitte notieren Sie, was Sie mit den Veränderungen für sich erreichen möchten!

....

....

weiter nächste Seite

Was riskieren Sie eventuell, wenn Sie die für Sie positiven Veränderungen herbeiführen? Ist es das jeweilige Risiko wert?

Was werden Sie als erstes konkret angehen?

Auf Dinge, die sich nicht ändern lassen, sollten Sie erst einmal keine weitere Energie – sprich: Zeit und Nerven – verwenden!

TIP

EINWÄNDEN – SELBSTBEWUSST BEGEGNET

Wenn ich die Hausarbeit so genau plane, habe ich ja noch mehr Arbeit.

→ Stimmt! Planung bedeutet zunächst mehr Arbeit. Aber die zahlt sich aus, z. B. wenn langfristig dadurch mehr Freizeit rausspringt.

Mein Leben ist durch Berufstätigkeit usw. schon genug verplant. Da will ich die private Zeit nicht auch noch verplanen.

→ Freizeit zu planen und bewußter zu gestalten mag wie ein Verzicht auf Freiheit erscheinen, bringt aber Zeitgewinn für Mehr oder Anderes und eine gerechtere Verteilung an Freiheit und Freizeit – auch für mich.

weiter nächste Seite

EINWÄNDEN – SELBSTBEWUSST BEGEGNET

TIP

Es klappt sowieso nicht, daß sich alle Haushaltsmitglieder an Abmachungen halten.

→ Natürlich werden Freudensprünge selten sein; aber jemand kann nur so lange zögern, seinen Part an Haushaltsarbeit zu übernehmen, wie es ihm gestattet wird.

So ein Management-Programm ist für unseren Haushalt viel zu umfangreich. Das halten wir nicht lange durch.

→ Es muß ja nicht gleich alles auf einmal passieren. Aber jeder Schritt ist bereits ein Erfolg. Und für jeden noch so kleinen Erfolg hat sich die Mühe gelohnt.

CHECKLISTE FÜR DAS GESPRÄCH AM RUNDEN TISCH

TIP

→ Wie sehen meine Vorstellungen und Änderungswünsche konkret aus?
→ Wie kann ich eine entspannte, lockere Atmosphäre schaffen?
→ Wie kann ich die Bedeutung / Wichtigkeit / den Stellenwert meines Anliegens den anderen deutlich machen?
→ Mit welchen Daten, Beispielen, Ermunterungen kann ich eine gemeinsame Ausgangsbasis für das Gespräch finden?
→ Wie formuliere ich den Vorschlag, Arbeitsplanung und -teilung im Haushalt einzuführen, ohne daß dieser wie eine Forderung ankommt?
→ Welche Vorteile hat die „Neustrukturierung" für die einzelnen Haushaltsmitglieder?
→ Wie bewege ich die anderen dazu, eigene Vorschläge zur Lösung vorzubringen?
→ Was mache ich, wenn kein Konsens gefunden wird?
→ Wie kann ich das Ergebnis des Gespräches festhalten und „sichern"?
→ Wie schaffe ich zum Abschluß des Gespräches gegebenenfalls wieder eine freundliche Atmosphäre?

EXKURS

EINSCHNITTE IM LEBENSZYKLUS

Zeitprobleme im Haushalt treten vor allem dann auf, wenn besondere oder unerwartete Ereignisse den gewohnten Gang der Dinge behindern, belasten oder unterbrechen und eine Umstellung notwendig machen: Gründung eines gemeinsamen Haushaltes, Familienzuwachs, Tod bzw. Krankheit eines Haushaltsmitgliedes, Trennung und Scheidung, Eintritt ins Rentenalter, Wiedereinstieg in den Beruf, „Abflug" eines Kindes aus dem Eltern"nest" oder auch festes „Einnisten" im „Hotel Mama" (erwachsene Kinder nutzen und genießen weiterhin die Dienstleistungen der Eltern).

Exemplarisch möchten wir auf drei Einschnitte im Lebenszyklus eingehen:

① Wenn Personen, die bislang alleine oder im Elternhaus gelebt haben, einen gemeinsamen Haushalt gründen, sind Umstellungen zwangsläufig. Zum Teil müssen liebgewordene Gewohnheiten aufgegeben und Kompromisse geschlossen werden; oder bis dahin von anderen verrichtete Aufgaben müssen selbst übernommen, vielleicht sogar erst gelernt werden. Das braucht seine Zeit.

② Der oft legere Umgang mit dem Haushalt zweier berufstätiger Partner findet durch die Geburt des ersten Kindes ein jähes Ende. Die Wohnung wird jetzt viel intensiver genutzt und es ist mehr darin zu tun. Ein Kind bringt die vorher erprobte Arbeitsteilung in der Partnerschaft meist durcheinander.

③ Auch der Eintritt ins Rentenalter bringt vielfältige Veränderungen mit sich. Während des Erwerbslebens wurde i.d.R. ein Drittel des Tages durch die Arbeit belegt. Nach der Pensionierung ist das Maß an frei verfügbarer Zeit größer. Der Tagesablauf muß neu geordnet werden. Interessen und Hobbys können eingehender gepflegt werden. Deutliche Veränderungen können sich schon allein dadurch er-

weiter nächste Seite

EXKURS

geben, daß sich Haushaltsmitglieder, die sich vor dem Ausstieg aus dem Beruf nur „rationiert" sahen, jetzt viel intensiver erleben.

Um es gleich vorwegzunehmen: Es gibt nicht die Lösung für jeden Fall, sondern Ihre ganz persönliche. Ihre Lösung heißt ein gemeinsam mit Ihren Haushaltsmitgliedern entwickeltes Konzept, das auf die eigenen Bedürfnisse zugeschnitten ist, allen Beteiligten ein Maximum an persönlicher Entwicklung sichert und Ihnen erlaubt, sich damit auch wohl zu fühlen. Auf Gegenliebe im Verwandten- und Bekanntenkreis muß dieses Konzept nicht stoßen. Wichtig ist, daß Sie und Ihre Haushaltsmitglieder damit zurechtkommen.

Es muß ein Modell entwickelt werden, das so pragmatisch wie möglich ist. In diesen Umbruchsituationen sollte das Ziel der Haushaltsarbeit nicht die Schaffung einer „Puppenstube" oder eines Ausstellungsstückes sein. Wichtiger ist in der zur Verfügung stehenden Zeit sicherzustellen, daß der Haushalt funktioniert und daß ein gemütliches, praktisches Zuhause für das Leben dynamischer Menschen geschaffen wird. Das eigene Konzept steht und fällt damit, wie gut Sie organisieren, Arbeiten abgeben und vom Perfektionismus Abschied nehmen können.

SACHINFO

MÖGLICHE ZIELE UND ANLÄSSE FÜR VERÄNDERUNGEN IM HAUSHALT

- → Die Mehrfachbelastung durch Beruf, Haushalt und Familie soll nicht mehr nur auf zwei Schultern ruhen. Entlastung soll herbeigeführt werden.
- → Ein gemeinsamer Haushalt soll gegründet und die Aufgaben von vornherein fair und mit Rücksicht auf Beruf und feste Verpflichtungen aufgeteilt werden.
- → Durch Familienzuwachs sind neue Haushaltsaufgaben hinzugekommen. Die Arbeiten sollen neu verteilt werden.
- → Ein Haushaltsmitglied fällt aus verschiedenen Gründen (z. B. Wiedereinstieg in den Beruf, Fortbildung, Ehrenamt) aus. Sein Beitrag zur Hausarbeit soll von anderen mit übernommen werden.
- → Die Haushaltsaufgaben sollen erstmalig partnerschaftlich und fair verteilt werden, so daß alle Haushaltsmitglieder ihren Part übernehmen.
- → Durch Arbeitslosigkeit eines Haushaltsmitgliedes steht mehr Zeit, allerdings auch weniger Geld zur Verfügung. Beide Faktoren sollen in Einklang gebracht werden.
- → Es soll durch Arbeitsplanung erreicht werden, mehr Zeit für sich und die Familie zu gewinnen.
- → Unerledigtes bietet immer wieder Anlaß zu Vorwürfen und Selbstzweifeln. Veränderungen im Haushaltsgeschehen sollen von dieser Last und vom schlechten Gewissen befreien.

⑥ Mein Management-Programm

6 · 1 LOS GEHT'S – **IST-ANALYSE**

Eine kritische und nüchterne Beobachtung des Ist-Zustandes kann Dinge, die aus Gewohnheit, Bequemlichkeit oder Gedankenlosigkeit passieren, offenlegen und so eine Tür zu erfolgreichen Veränderungen aufstoßen.

Wenn Sie spüren sollten, daß in Ihrem Haushalt nicht alles so geregelt abläuft wie Sie es eigentlich gerne möchten, aber nicht so genau wissen, wo „der Hase im Pfeffer liegt", dann sorgt eine Ist-Analyse für Klarheit.

Und auch wenn Sie Ihren Haushalt gut im Griff haben, aber immer noch nach weiteren Verbesserungen suchen, kann die Ist-Analyse wichtige Hilfestellung für Zeiteinsparungen geben.

Eine Untersuchung von Art und Umfang der Arbeiten und Abläufe in Ihrem Haushalt wird zeigen,

- wann und warum die Arbeitsdichte besonders groß ist – sprich: Ihre Zeit Mangelware ist,
- welche Konstellationen zu Überforderung einzelner Haushaltsmitglieder führen (können),
- welche Aufgaben zu ernst genommen werden und damit „Streß machen".

Für die Ist-Analyse – also die qualitative und quantitative Erfassung aller Arbeiten – ist es erforderlich, sich einen Überblick über alle Arbeiten, die in Ihrem Haushalt anfallen, zu verschaffen, weil jeder Haushalt aufgrund der unterschiedlichen Bedürfnisse seiner Mitglieder sehr individuell ist. Mit anderen Worten: In jedem Haushalt werden andere Arbeiten verrichtet.

Durch das Aufschreiben werden viele kleine Abläufe erst sichtbar. Viel wird so nebenbei getan, aber nicht als Arbeit registriert. So gehört zum Fensterputzen nicht nur

der Putzvorgang selbst, sondern auch das Bereitstellen der Putzgeräte, also den Wassereimer holen, füllen, Putzmittel und -lappen sowie Leiter holen, Fensterbank abräumen usw. bis zum Wiederwegräumen aller Gerätschaften. Durchschnittlich dauern Arbeitsvorgänge im Privathaushalt nur zehn Minuten. Der Arbeitsplatz wird also häufig gewechselt. Daher fallen die Rüstzeiten, d. h. die Arbeitsvor- und -nachbereitungen, sehr stark ins Gewicht. Sie müssen stets miterfaßt werden.

Wenn Ihnen angesichts der Aufsplittung der verschiedensten Tätigkeiten und Arbeitsschritte die Lust auf eine detaillierte Zeiterfassung vergehen sollte, sehen wir zwei Möglichkeiten einer „Neubelebung": Entweder können Sie sich mit Hilfe eines kurzen Zurückblätterns auf Seite 29 vergewissern, ob Ihnen nicht doch das Angehen eines Teilaspektes schon weiterhilft, oder Sie wagen es trotz des zu erwartenden Aufwands. Denn allzuoft wird der Zeitbedarf der Hausarbeiten falsch eingeschätzt, ein häufiger Grund dafür, daß man sich mehr als überhaupt möglich vornimmt. Um die verfügbare mit der benötigten Zeit in Einklang zu bringen, um Enttäuschung, Entmutigung und Überforderung zu verhindern, ist es schon ratsam, den Zeitverbrauch der einzelnen Hausarbeiten genau zu kennen. Übung, den Zeitbedarf einzuschätzen bzw. zu kontrollieren, bekommen Sie, indem Sie und Ihr/e „Mitarbeiter" zumindest einmal die Dauer der verschiedenen Arbeiten festhalten.

- Verschaffen Sie sich einen Überblick über alle anfallen den Arbeiten in Ihrem Haushalt, indem Sie und die übrigen Haushaltsmitglieder in unserer vorgefertigten Übersicht im Anhang, Seite 74 f., die entsprechenden Tätigkeiten ankreuzen und/oder ergänzen.
- Sie können auch mehrere Tage fortlaufend ein sogenanntes Arbeitsprotokoll anfertigen, d.h., Sie notieren, was Sie und die übrigen Haushaltsmitglieder im Haushalt tun.

WIEVIEL ZEIT BENÖTIGE ICH FÜR DIE HAUSARBEIT?

MEIN HAUSHALT: JETZT UND IN ZUKUNFT

	IST-ANALYSE				LÖSUNG	ERGEBNIS
TÄTIGKEIT *	Dauer	Häufigkeit	Wer macht's**	Zeitpunkt, wenn termin-gebunden	x = reduziert auf ...Std./min. y = jetzt macht's ... z = ganz was anderes	Mein Zeit-gewinn (in Stunden) pro Woche
						h
						h
						h
Fensterputzen	*2 Std*	*1 x Monat*	*ich selbst*		*x alle 2 Monate*	*1/4* h
Frühstücksvorbereitung	*15 Min*	*1 x Tag*	*ich selbst*	*7 Uhr*	*y Partner/in (15 Min x 7 Tage)*	*1 3/4* h
Zur Schule bringen	*5 Std*	*5 x Woche*	*ich selbst*		*z Teilen mit Nachbarin*	*2 1/2* h
						h
						h
						h
						h
						h
						h

* Mögliche Arbeiten können Sie der Aufstellung ab Seite 74 entnehmen! **z.B. Frühstück:** Tisch decken / Abräumen / Spülen / Aufräumen / ...
** Namen eintragen

Den Original-Plan finden Sie auf Seite 78

→ Ermitteln Sie den Zeitbedarf für Ihre Haushaltsarbeiten und tragen Sie die Werte in die Übersicht „Mein Haushalt: Jetzt und in Zukunft", Seite 78, unter „*Dauer*" ein.

→ In der Spalte „*Häufigkeit*" halten Sie fest, ob eine Arbeit täglich, wöchentlich, monatlich oder jährlich verrichtet wird.

→ Unter „*Zeitpunkt*" notieren Sie, ob es für die jeweilige „Arbeit" einen bestimmten Zeitpunkt oder Zeitraum gibt, sei es, daß er vorgegeben ist, z. B. (Gemeinschafts-)Nutzungs- oder Öffnungszeiten, sei es, daß er sich einfach so „eingespielt" hat.

→ Und wenn Sie unter „*Zuständigkeit*" mit entsprechenden Namenskürzeln noch festhalten, wer was macht, dann ist die Ist-Analyse schon geschafft.

6 · 2 WIE KÖNNT'S GEHEN? – **LÖSUNGSRICHTUNGEN**

Ihre Ist-Analyse können Sie sich nun unter verschiedenen Aspekten anschauen: Wo bzw. wann „knubbelt" es sich, was wird (zu) häufig gemacht, was ganz vernachlässigt, wer macht mit, wer gar nicht, was sieht man „zu eng", wo hat man dafür Streß ...

Solchen Knackpunkten die Priorität zu geben, erleichtert die Entscheidung, daß und was konkret in Angriff zu nehmen ist, bevor man sich eventuell „verzettelt".

Beispiel: In Ihrer Ist-Analyse fällt Ihnen auf, daß die Waschmaschine in Ihrem 3-Personen-Haushalt praktisch täglich in Gang gesetzt wird. Das erscheint Ihnen plötzlich doch sehr reichlich. Nun können Sie Ihre Gründe für das häufige Waschen hinterfragen: Ist es

- spontane Prioritätensetzung (Sie bedienen z. B. die Maschine, weil gerade das Shirt, das Sie anziehen möchten, verschmutzt ist),
- mangelnde Konzentration (Sie setzen z. B. die Maschine in Gang, ohne zu prüfen, ob nicht noch mehr Schmutzwäsche in dieses Programm paßt),
- ein übernommener „Sachzwang" (z. B. braucht Ihr Mann jeden Tag ein frisches Hemd, muß der Arbeitsoverall Ihres Jungen alle zwei Tage gewaschen werden? ...),
- Perfektionismus (Sie können, vielleicht aus Ordnungsliebe, nicht ertragen, daß Sie schmutzige Wäsche so lange sammeln, bis sich ein Waschgang lohnt).

Die Ist-Analyse kann also wichtige Informationen über ein Mißverhältnis der zur Verfügung stehenden Zeit einerseits und Ihres Arbeitsstils, der Zahl Ihrer „Mitarbeiter/innen" und Ihres Anspruchsniveaus andererseits liefern.

Die Sachinfo auf Seite 42 soll Ihnen helfen, diesen Knackpunkten auf die Spur zu kommen und die für Sie relevante Grundausrichtung auszuwählen. Die Übersicht geht davon aus, daß den verschiedenen Zeitproblemen unterschiedliche

Ursachen zugrunde liegen und diese folglich auch unterschiedliche Lösungsansätze bedingen.

Jetzt hat sich sicherlich endgültig herauskristallisiert, wo Ihr Hauptknackpunkt liegt bzw. was Sie gern verändern würden. Bestimmt gibt es viele Ursachen für Abneigungen gegen bestimmte Arbeiten bzw. für Zeitnot und Streß im Haushalt. Wir meinen aber, daß jedes Zeitproblem im Haushalt im Prinzip durch einen der drei gezeigten Wege angegangen werden kann.

Auf den Punkt gebracht sind dies nochmals:

① Zeitgewinn durch bessere Zeiteinteilung und rationalisierte Arbeitsabläufe

② Zeitgewinn durch Arbeitsteilung

③ Zeitgewinn durch veränderte Prioritäten

SACHINFO

VERSCHIEDENE ARTEN VON ZEITFRESSERN

① **Schlendrian / Aufschub des Arbeitsbeginns**
Ursachen: Fehlende Motivation; fehlende Initiative
Maßnahmen: Eigene Arbeitshaltung (Konzentration) verbessern

② **Spontane Prioritäten**
Ursachen: Aktionsorientiertheit (= Handeln vorm Denken); Meinung, daß jeder Tag doch anders verläuft und Unvorhergesehenes ohnehin nicht planbar ist
Maßnahme: Den Arbeitsstil hinterfragen; Aufgaben gewichten

③ **Versuch, zuviel auf einmal bzw. in zu kurzer Zeit zu tun**
Ursachen: Falsche Zeiteinschätzung; unklare Zielsetzung; unzureichende Tagesplanung; keine Aufgabengewichtung
Maßnahmen: Überblick verschaffen; Zeitbedarf der Arbeiten messen; Aufgaben gewichten und Arbeitspensum straffen

Ziel für ① bis ③ : Hausarbeit besser organisieren und rationalisieren!
→ **weiter mit Punkt 6·3·1, ab Seite 43**

④ **Mangelnde Koordination / Teamwork**
Ursachen: Veraltete Rollenzuweisungen; zu unpräzise Kommunikation
Maßnahmen: Innerhäusliche Zusammenarbeit verbessern

⑤ **Zu wenig Delegation**
Ursachen: Angst, Verantwortung abzugeben; Wunsch zu gefallen; Überbewertung der eigenen Fähigkeiten
Maßnahme: Lernen, Arbeit abzugeben bzw. Angebote anzunehmen

Ziel für ④ und ⑤ : Hausarbeit teilen
→ **weiter mit Punkt 6·3·2, ab Seite 52**

⑥ **Unfähigkeit, „nein" zu sagen**
Ursachen: Wunsch, anderen zu helfen; Angst, andere zu verletzen; keine Ausrede parat; Drang, es allen recht zu machen
Maßnahmen: Erwartungshaltung an sich selbst und andere analysieren; nach eigenen Prioritäten entscheiden und handeln

⑦ **Auf Details zu viel Zeit verwenden**
Ursachen: Perfektionismus; Angst vor Fehlern
Maßnahme: Lernen, „Fünf gerade sein zu lassen"

Ziel für ⑥ und ⑦ : Ansprüche reduzieren
→ **weiter mit Punkt 6·3·3, ab Seite 62**

6·3 SO KÖNNT'S GEHEN – MEIN MASSNAHMEN-PROGRAMM

6·3·1 HAUSARBEIT BESSER ORGANISIEREN UND RATIONALISIEREN

Am leichtesten läßt sich Zeit gewinnen und Arbeit einsparen, wenn man die Arbeit einfach wegläßt bzw. seltener durchführt. Mit den folgenden Vorschlägen rühren wir an Tabus und an „heilige Kühe" haushälterischer Tradition und Werte. Bitte entscheiden Sie selbst, was Sie übernehmen möchten. Wichtig ist nur, daß nicht alles beim Alten bleibt, sondern tatsächlich das Arbeitsspektrum abgespeckt wird.Alle Arbeiten, die nicht weggelassen oder verkürzt werden können, können Sie mit Ihren Haushaltsmitgliedern gemeinsam auf Verbesserungen bzw. Erleichterungen hin untersuchen.

WAS KANN ICH WEGLASSEN ODER ZUMINDEST BEGRENZEN?

Bitte gehen Sie die Checkliste dahingehend durch, was Sie schon lassen, was Sie ändern könnten und was – warum auch immer – ein „Tabu" für Sie bleibt.

- → Bettwäsche, Geschirrtücher, Trikot- und Frottierwäsche nicht bügeln
- → Schmutzeintrag verringern durch Fußmatten, Ausziehen der Straßenschuhe usw.
- → Vor Festtagen auf Großputz verzichten
- → Seltener Staub wischen, Auto waschen, Fenster putzen usw.
- → Schränke entrümpeln: Was nicht mehr da ist, fällt nicht entgegen und muß nicht gepflegt werden
- → Abwasch vermeiden durch Eintopfgerichte, tischfähiges Kochgeschirr usw.
- → Wäscheanfall reduzieren durch längeres Tragen der Kleidung, Auslüften usw.
- → Aufräumarbeiten reduzieren; jede/r ist fürs eigene Zimmer verantwortlich

WIE KANN HAUSARBEIT ERLEICHTERT UND RATIONALISIERT WERDEN?

Beantworten Sie bitte die folgenden Fragen. Falls Sie feststellen, daß auch in Ihrem Haushalt nicht alles rationell abläuft, räumen Sie um, verändern Sie, lassen Sie weg …

	Ja	Nein
Werden alle Gegenstände für eine andere Etage auf der untersten oder obersten Treppenstufe gesammelt, um sie bei einem Gang nach oben bzw. nach unten mitzunehmen?	[ ]	[ ]
Wird der Mülleimer mitgenommen, wenn die Post geholt wird?	[ ]	[ ]
Werden Bankgeschäfte, Behördengänge, Einkäufe so kombiniert, daß sie bei einem Gang in die Stadt abgewickelt werden können?	[ ]	[ ]
Führen Sie anstrengende, Konzentration erfordernde Arbeiten dann durch, wenn Sie am fittesten sind, z. B. morgens?	[ ]	[ ]
Gibt es in Ihrem Haushalt Möbel- und Geräteanordnungen, die nicht zu Ihrer Körpergröße passen, z. B. zu niedrige Hocker, zu hohe Arbeitsplatten usw.?	[ ]	[ ]
Wird alles dort aufbewahrt, wo es gebraucht wird? (Tischwäsche in der Eßecke, Geschirrtücher in der Küche, Gewürze am Herd, Putzgeräte im Zentrum der Wohnung und Frottiertücher im Bad)	[ ]	[ ]
Wird Staub gewischt, nachdem die Wohnung gesaugt wurde?	[ ]	[ ]
Setzen Sie sich bei der Hausarbeit, z. B. beim Gemüseputzen, Bügeln usw.?	[ ]	[ ]
Gibt es Wäschebehälter für jede Wäscheart und können diese auch von allen genutzt werden?	[ ]	[ ]

Nachdem feststeht, welche Arbeiten in Ihrem Haushalt unumgänglich und nicht verbesserungsfähig sind, sollten Sie für dieses „Konzentrat“ einen Wochenarbeitsplan erstellen – möglichst im Haushaltsteam.

WIE ERSTELLE ICH EINEN WOCHEN-ARBEITSPLAN?

WOCHEN-ARBEITSPLAN vom .... bis ....

ZEIT	MONTAG	DIENSTAG	MITTWOCH	DONNERSTAG	FREITAG	SAMSTAG	SONNTAG
	Wer / was	Wer / was	Wer / was	Wer / was	Wer / was	Wer / was	Wer / was
6.00							
7.00							
8.00							
9.00							
10.00							
11.00							
12.00							
13.00							
14.00							
15.00							
16.00							
17.00							
18.00							
19.00							
20.00							
21.00							
22.00							

Den Original-Wochenplan finden Sie auf Seite 79

① Grundgerüst eines Wochen-Arbeitsplanes sind die zeitgebundenen Arbeiten. Tragen Sie diese bitte in den Plan ein, z. B. zur Schule bringen / abholen.

② Um diese Vorgaben herum werden nun die nicht zeitgebundenen Arbeiten geplant, z. B. Waschen und Putzen.

③ Gleichzeitig wird, am besten gemeinsam, festgelegt, wer welche Arbeiten macht. Bei den nicht zeitgebundenen Aufgaben sollte es dem bzw. der Betreffenden überlassen bleiben, wann er oder sie die Arbeiten innerhalb der Woche erledigt. Wir raten dazu, sich in aller Freiwilligkeit mit festen Eintragungen selbst zu „verpflichten".

④ Vergessen Sie nicht, Erholungspausen und freiwillige Aktivitäten in der Planung zu berücksichtigen, z. B. gehen Sie freitags in die Sauna, mittags von 13 bis 14 Uhr herrscht allgemeine Ruhe, mittwochs ab 18 Uhr hat Frau / Mann / Kind frei.

⑤ Falls schon jetzt jede Minute des Tages verplant ist, sollten Sie die Tätigkeiten weiter zusammenstreichen, denn es muß noch Spielraum für Ungeplantes und Unvorhergesehenes bleiben.

⑥ Wenn Ihr Wochen-Arbeitsplan in dieser Form schon ganz rund erscheint, können Sie die in größeren Perioden oder saisonal anfallenden Arbeiten, z. B. Fenster putzen oder Rasen mähen, sicherlich dazwischenschieben. Natürlich ist es auch denkbar, die periodischen Arbeiten auf schon belegte Plazierungen zu vergeben und die ursprünglichen Arbeiten zu verschieben oder auch ausfallen zu lassen.

TIP

CHECKLISTE PERIODISCHER ARBEITEN

Jährlich durchzuführende bzw. sich aus bestimmten Anlässen ergebende Arbeiten

- → Kontrolle des Putzmittel- und Apothekenschrankes
- → Reinigung und Bestandskontrolle aller Vorratsschränke
- → Tiefkühlgeräte abtauen und reinigen
- → Gründliche Reinigung von Haushaltsgeräten
- → Grundreinigung von textilen Fußböden
- → Feuchtreinigung von Heizkörpern vor der Heizperiode
- → Größere Anschaffungen/Marktinformation
- → Reparaturen/Handwerker
- → Geburtstags- und Feiertagsvorbereitungen
- → Urlaubsvorbereitungen/Schul- und Kindergartenferien usw.
- → Einmachzeit

Monatlich bis halbjährlich durchzuführende Arbeiten

- → Kühlschrankreinigung
- → Auffrischung der Dauerwaren-Vorräte

Wöchentlich bis 14täglich durchzuführende Arbeiten

- → Terminplanung für die nächste Woche
- → Wocheneinkauf und Leergutentsorgung
- → Bettwäsche wechseln
- → Staubwischen, Staubsaugen, Feuchtreinigung des Fußbodens
- → Haushaltsverwaltung (Briefe, Behördengänge, Telefonate, Buchführung, Rechnungen usw.)
- → Wäsche waschen und schrankfertig machen
- → Überprüfung aller Arbeitsplätze auf Übersicht und Ordnung

Täglich bis mehrmals in der Woche durchzuführende Arbeiten

- → Essenszubereitung und Abwasch
- → Gegenseitige Information in der Familie und Terminabsprachen
- → Kinder-/Partnerwunschstunde nach dem Motto: „Jetzt bin ich nur für Dich da."
- → Haushaltsbuchführung
- → Eigene Orientierung durch Nachrichten, Tageszeitungen usw.

RATIONALISIERUNG IN PORTIONEN

TIP

Mit der nachfolgenden Übersicht wollen wir aufzeigen, was an Rationalisierung unter bestimmten Aspekten möglich ist.

Nahrungszubereitung

Arbeitsanfall verringern:

→ Speisefolge und Lebensmitteleinkauf planen

→ Häufiger auswärts essen (wenn man sich's leisten kann)

→ Schnellimbisse: Butterbrot, Obst, Müsli

Anspruchsniveau überdenken:

→ Eintopf oder Menü

→ Tischkultur: Decke, Sets, Servietten

→ Wahl des Eßplatzes (z. B. Küche, Eßzimmer)

weiter nächste Seite

TIP

Schmutzanfall verringern:
→ Schnellkochtopf, Mikrowelle
→ Sparsamer Einsatz von Zubereitungshilfen (z. B. tischfähiges Kochgeschirr)
Häufigkeit überprüfen:
→ Lebensmittelgroßeinkauf und Vorratshaltung
→ Mehrfachzubereitungen
→ Einmal am Tag spülen
Zeitpunkt überdenken:
→ Besonders vor Feiertagen und Abwesenheit vorkochen
Betriebsmittel und Arbeitsverfahren optimieren:
→ Vor- und Nachbereitungszeit verkürzen:
- Griffbereite Aufbewahrung der Gegenstände am Einsatzort
- Zusammenlegen von gleichen Arbeiten (z. B. Mehrfachrezepte)
- Ordnungssysteme (z. B. alphabetische Ordnung der Gewürze)

→ Vorratshaltung (z. B. Trocken- oder Gefrierprodukte)
→ Zubereitung:
- Schnellkochtopf, Mikrowelle
- Elektrische und mechanische Küchenkleingeräte

→ Arbeitsplatz:
- Küchenform und -gestaltung nach Arbeitszentren und -ablauf
- Genügend Stell- und Arbeitsfläche
- Sitz-Arbeitsplatz
- Genügend elektrische Anschlüsse

Einsatzperson bzw. Vergabe prüfen:
→ Mitarbeit aller Haushaltsmitglieder
→ Evtl. Einsatz einer Haushaltshilfe
→ Anlieferung von Lebensmitteln/Getränken
→ Essen auf Rädern/Kantine
→ Vergabe an Gaststätten/Party-Service
→ Auswärts essen

weiter nächste Seite

TIP

Wohnungsreinigung

Arbeitsanfall verringern:

→ Auswahl der Wohnungseinrichtung nach Verwendungszweck und Beanspruchungsgrad (z. B. Möbel, Teppiche usw.); Kaufkriterium: Schmutzsichtbarkeit, Reinigungs- und Pflegeeigenschaften

Anspruchsniveau überdenken:

→ Hygiene, Ästhetik

Schmutzanfall verringern:

→ Schaffung von Schmutzauffangzonen vor Eingängen und in den Fluren

→ Schuhwechsel beim Betreten der Wohnung

Häufigkeit überprüfen:

→ Rhythmus der periodisch anfallenden Arbeiten verlängern (z. B. Fensterputzen, Staubwischen und -saugen)

Zeitpunkt überprüfen:

→ Periodisch anfallende Arbeiten nicht vor den Feiertagen, Urlaub usw. erledigen

Betriebsmittel und Arbeitsverfahren optimieren:

→ Arbeitsansatz:
- Aufteilen nach Arbeitsarten meist besser als Einzelraumreinigung (z. B. alle Fenster)
- Unterbringung der Betriebsmittel möglichst im Wohnungsmittelpunkt
- Arbeiten in gebeugter Haltung vermeiden

→ Reinigungsmittel: wenige mit vielseitigem Einsatz (z. B. Essig, Scheuermittel und Allzweckreiniger)

→ Geräte: alles, was die Arbeit erleichtert (Wischmop, Wringeimer etc.)

Einsatzperson bzw. Vergabe prüfen:

→ Mitarbeit aller Haushaltsmitglieder; mindestens für den eigenen Bereich verantwortlich sein

→ Vergabe: Fensterputzer(in), Raumpfleger(in), lose Teppiche zur Wäscherei bzw. Chemischen Reinigung, Teppichbodengrundreinigung

TIP

Wäschepflege

Arbeitsanfall verringern:

→ Textilkauf nach Verwendungszweck, Beanspruchungsgrad, Textilkennzeichnung und Paßform; Kaufkriterium: Reinigungs- und Pflegeeigenschaften (z. B. Maschinenwäsche; bügelfreie, pflegeleichte Kleidung bevorzugen; Kleidung für chemische Reinigung, Handwäsche und separates Waschen meiden)

Anspruchsniveau überdenken:

→ Benutzung von Papiertaschentüchern, -windeln und -servietten
→ Waschen oder Ausbürsten, Lüften, mehrmaliges Tragen
→ Bügeln oder glattes Zusammenlegen von Unter-, Bett-, Frottier- und Nachtwäsche

Schmutzanfall verringern:

→ Schutzkleidung benutzen (Schürzen, Kittel, Lätzchen usw.)

Häufigkeit überprüfen:

→ Wäsche seltener wechseln (z. B. Bettwäsche)

Zeitpunkt überprüfen:

→ Periodisch anfallende Arbeiten nicht vor den Feiertagen, Urlaub usw. erledigen (z. B. Gardinenwäsche)

Betriebsmittel und Arbeitsverfahren optimieren:

→ Vorbereitungszeit verkürzen: Wäsche nach Gebrauch sortieren
→ Arbeitsplatz:
- Genügend Stell- und Arbeitsflächen
- Genügend elektrische Anschlüsse
- Wäschefach am Einsatzort

→ Wasch- und Pflegemittel: Kompaktwaschmittel oder Baukastensystem; Vollwaschmittel meiden; Weichspüler, Waschverstärkertücher bzw. Vorwäsche und Einweichen überflüssig

Einsatzperson bzw. Vergabe prüfen:

→ Mitarbeit aller Haushaltsmitglieder bei der Wäschepflege, z. B. jede/r für sich oder abwechselnd eine/r für alle
→ Teil-/Vollvergabe an Wäscherei oder Heißmangel
→ Chemische Reinigung

weiter nächste Seite

TIP

Haushaltsführung und Einkauf

Arbeitsanfall verringern:

→ Speise-, Einkaufs- und Arbeitspläne

→ Einkaufszettel nach Geschäftsarten und -inneneinteilungen erstellen

→ Fehlende Gegenstände und Lebensmittel sofort aufschreiben

→ Speiseplan in drei bis vier Wochen wiederholen

→ Aufbewahrung der Bons und Rechnungen an einem Ort

Anspruchsniveau überdenken:

→ Pfenniggenaue Buchführung oder grobe Übersicht

→ Jahres-, Monats-, Wochen- und/oder Tagesarbeitspläne

Schmutzanfall verringern:

→ Einweg- und überflüssige Verpackungen vermeiden

Häufigkeit überprüfen:

→ Wochengroß- und Frischwareneinkauf nach Bedarf

→ Jährliche, monatliche und/oder wöchentliche Haushaltsgeldabrechnung

Zeitpunkt überprüfen:

→ Einkaufstag und Tageszeit beachten (z. B. Rush-hour und langen Samstag meiden)

Betriebsmittel und Arbeitsverfahren optimieren:

→ Arbeitsplatz:
- Fester Arbeitsplatz für Planungs- und Führungsaufgaben
- Ablagemöglichkeiten für Ordner, Haushaltsbuch, Kontoauszugheft usw.
- Kopiervorlagen für Arbeits- und Speisepläne

→ Geräte: Taschenrechner, Bleistift, Radiergummi, Hefter usw.

Einsatzperson bzw. Vergabe prüfen:

→ Teamwork

Was würden Sie schätzungsweise durch verbesserte Organisation und Abläufe wöchentlich an Zeit einsparen? .... **h**

6·3·2 HAUSARBEIT TEILEN

Die Umverteilung der Hausarbeit von einer Person auf alle Beteiligten bringt eine Menge Zeit und Entlastung. Zwar ist es anfänglich ungewohnt und kann mit Schwierigkeiten verbunden sein, Hausarbeit „abzugeben" oder zu übernehmen, wenn man bislang davon verschont geblieben ist. Unbestreitbar sind jedoch die Vorteile von Arbeitsteilung:

- Teamgeist und Partnerschaft werden gefördert, wenn alle ihren Anteil an Verantwortung für den gemeinsamen Haushalt tragen. Die Verständnis- und Verständigungsbasis verbreitert sich.
- Diskussion und Verteilung der zahlreichen Aufgaben vermittelt allen einen besseren Überblick über den Haushalt, in dem man lebt.
- Arbeitsteilung verhindert die Überlastung einzelner und auch Defizitgefühle („Ich mach' mich krumm und keiner dankt es mir.").
- Kinder lernen mehr Selbständigkeit und werden spielerisch an die Hausarbeit herangeführt, wenn man sie mithelfen läßt oder ihnen angemessene Aufgaben überträgt. Emanzipiertes Verhalten macht sie unabhängiger.
- In Notsituationen (z. B. Krankheit) ist dafür gesorgt, daß alle mit den Arbeiten im Haushalt vertraut sind und autonom und aus eigener Kraft die Not wenden können. Ganz wichtig für die Kooperation aller Haushaltsmitglieder ist das gemeinsame Gespräch (siehe auch unsere Checkliste für das Gespräch am Runden Tisch, Seite 33).

Einfach ist Arbeitsteilung nicht. Die Gefahr besteht, schnell wieder in die alten Gewohnheiten zurückzufallen. Hinzu kommt, daß diejenigen, die bislang alleine für Haushaltsarbeit zuständig waren, natürlich die meiste Routine besitzen, und zu Beginn können sie tatsächlich vieles besser, schneller und ökonomischer. Das heißt, Sie müssen sich ggf. eher selbst zurückhalten und dafür die anderen erst einmal dazu anhalten, auch „bei der Stange“ zu bleiben. Routine wächst mit konkretem Tun, und so werden es die übrigen Haushaltsmitglieder nach mehrmaligen Versuchen und mit etwas Geduld fast genauso gut wie Sie können. Der zusätzliche Nutzen für Sie: Mit der Zeit verändert sich die „Leere“ nach Freigabe bisheriger Arbeiten in eine wohltuende Entlastung und einen persönlich größeren Freiraum.

EINSTIEG PER „HAUSHALTSKONFERENZ“

→ Berufen Sie eine Haushaltskonferenz ein und besprechen Sie die neue Arbeitsteilung. Klären Sie im einzelnen folgende Fragestellungen:

- Wie sollen Aufgaben in Zukunft verteilt werden (nach Neigung, Können, Los, Maß der freien unverplanten Zeit, sonstiges)?
- Wer übernimmt welche Aufgaben wie oft?
- Werden entsprechende Aufgaben für sich alleine oder für alle Haushaltsmitglieder übernommen?
- Wie sieht die Regelung aus, wenn man mal verhindert ist oder es zum zweiten Mal vergessen hat?

Die Ergebnisse sollten in einem Teamarbeitsplan festgehalten werden. Ein Muster für solch einen „Arbeitsverteilungsplan“ finden Sie auf Seite 54.

→ Vereinbaren Sie eine nächste Haushaltskonferenz, um die gemachten Erfahrungen, eventuell aufgetretene Schwierigkeiten usw. zu besprechen.

Anmerkung: Vor der Haushaltskonferenz kann es sinnvoll sein, sich nochmals die Checkliste für das Gespräch am Runden Tisch zu vergegenwärtigen (s. Seite 33). Zur Not lassen sich auch die Absprachen einzeln erzielen, wenn partout alle absehbar nicht „unter einen Hut“ zu kriegen sind.

WIE ERSTELLE ICH EINEN TEAM-PLAN?

TEAM-ARBEITSPLAN FÜR DIE WOCHE vom .... bis ....

TÄTIGKEITEN	Wer macht's	**A** Für alle **B** Jeder für sich	Vertretung	Häufigkeit	Erledigt

Den Original-Plan finden Sie auf Seite 80

① Sammeln Sie zunächst unter der Rubrik „Tätigkeiten" alle täglich anfallenden Arbeiten, z. B. Kochen / Essenszubereitung, Geschirr spülen, Aufräumen ...

② Jetzt werden die zusätzlich in der jeweiligen Woche anfallenden Aufgaben festgehalten, z. B. (Groß-)Einkauf, 30 bzw. 60 °C-Wäsche.

③ Halten Sie die Zuständigkeiten, den Umfang, die Vertretungsregelung und die Häufigkeit der einzelnen Arbeiten fest.

④. Hängen Sie den Plan gut sichtbar für alle aus.

⑤ Vereinbaren Sie, daß erledigte Aufgaben unter „Erledigt" abgehakt werden. So hat jede/r einen guten Überblick, was wer zu tun hat und was noch aussteht.

Was würden Sie schätzungsweise durch Arbeitsteilung wöchentlich an Zeit einsparen? .... h

KONTRA GEBEN AUF INNERE WIDERSTÄNDE

TIP

Ich kann meinem Partner / meinen Kindern doch nicht zumuten, das Bad / die Küche / die Fenster zu putzen.
→ Warum nicht? Sie verrichten diese Arbeiten ja schließlich auch schon seit x Jahren für Ihre Lieben.

Es gibt nur Unfrieden, wenn ich darauf bestehe, daß die anderen im Haushalt mit anpacken.
→ Wenn nach dem Unfrieden die Entlastung folgt, hat es sich gelohnt. Wenn man nichts riskiert, ändert sich auch nichts.

Wenn ich die Hausarbeit abgebe, habe ich ja gar nichts mehr (um mich zu profilieren).
→ Umgekehrt ist's richtig: Sie gewinnen gerade durch Arbeitsteilung Zeit für sich, Ihre Interessen, Ihren Beruf usw. – alles Dinge, wodurch Sie auch viel Bestätigung finden können.

Die anderen machen Hausarbeit nicht so gründlich wie ich und es dauert viel länger.
→ Das kann am Anfang schon stimmen, aber die Alternative ist, alles selbst zu machen – und das ist ja schließlich etwas, was Sie ändern möchten.

KONTRA GEBEN AUF ÄUßERE EINWÄNDE

TIP

Ich bin beruflich schon überlastet und mache Überstunden. Da kann ich nicht auch noch im Haushalt helfen.
→ Hier hilft nur, anhand einer Zeitbilanz (ab Seite 23) aller Haushaltsmitglieder für mehr Gerechtigkeit zu sorgen (vor allem dann, wenn Sie Mitverdiener/in sind).

weiter nächste Seite

TIP

Ich bringe das Geld nach Hause und Du machst den Haushalt. So sieht unsere Arbeitsteilung aus.
→ Dann stelle ich Dir ab sofort meine Arbeit in Rechnung.

Die anderen in meiner Klasse brauchen zu Hause auch nicht helfen.
→ Deren Familien sind eben nicht so fortschrittlich wie wir.

Die Schule / der Musikunterricht / der Sport strengen mich schon genug an. Und morgen schreibe ich außerdem eine wichtige Mathearbeit.
→ Okay. Wir machen wegen der Mathearbeit eine Ausnahme, aber Du kannst Dich ja darum kümmern, wer Deinen Part diesmal übernimmt (eine vereinbarte Vertretungsregel sollte jetzt greifen!)

Hausarbeit ist Frauensache
→ ...und Bedientwerden Männersache ???

Sie sollten sich nicht scheuen, Ihr/e Kind/er für Hausarbeiten frühzeitig mit heranzuziehen, wenn Sie folgende Aspekte berücksichtigen:

- Was kann mein Kind schon?
- Woran zeigt es von sich aus Interesse?
- Was kann eine sinnvolle weitere Aufgabe sein?

TIP

AUFGABEN, DIE KINDER ÜBERNEHMEN KÖNNEN

Aufgaben für Kinder im Vorschulalter
→ Sich selbst an- und ausziehen, waschen und kämmen
→ Mithelfen beim Zimmer aufräumen, Spielsachen wegräumen, Kleider ordentlich zusammenlegen
→ Tisch decken und abräumen helfen

weiter nächste Seite

TIP

→ Mithelfen beim Backen, ein Müsli anrühren
→ Papierkorb leeren
→ Im Garten säen und pflanzen

Aufgaben für Kinder im Grundschulalter
→ Das eigene Zimmer selbständig aufräumen und das Bett machen
→ Knopf annähen, Schuhe putzen
→ Waschbecken und Badewanne reinigen, Toilette in Ordnung halten
→ Kleine Einkäufe
→ Öffentliche Verkehrsmittel selbständig benutzen
→ Geschirr spülen und abtrocknen bzw. Geschirrspüler bedienen
→ Staub saugen
→ Tisch decken und abräumen
→ Einfache Gerichte zubereiten (Pfannkuchen, Pudding)
→ Kleine Geschwister betreuen und anleiten
→ Einteilung des Taschengeldes

Aufgaben für Jugendliche unter 16 Jahren
→ Verantwortung für das Frühstück insgesamt übernehmen
→ Eine Mahlzeit zubereiten, Kuchen backen
→ Wochenspeiseplan und Einkaufsliste erstellen, incl. Preisvergleiche
→ Rasen mähen
→ Bestimmte Haushaltskorrespondenz übernehmen
→ Alle Kleidungs- und Wäscheteile waschen und bügeln können
→ Bett beziehen
→ Eigenes Budget verwalten

Aufgaben für Jugendliche ab 16 Jahren
→ Verantwortliche Stellvertretung in allen Haushaltsaufgaben
→ Mit 18 Jahren den Führerschein machen, auch um notwendige Großeinkäufe zu übernehmen
→ Eigenes Konto eröffnen (Taschengeld, Einkommen), Überblick über Geldanlagen
→ Kulturelle Aktivitäten der Familie planen und umsetzen

TIP

WAS DIE ZUSAMMENARBEIT VERBESSERT

① Für die Haushaltskooperation ist wichtig, daß gemeinsam klare Verabredungen getroffen und die Zuständigkeiten eindeutig festgelegt werden. Zu glauben, es gehe auch, wenn jede/r „mal was macht", ist eine Falle.

② Die Arbeiten sollten nach Neigung und Können der Haushaltsmitglieder verteilt werden, z. B. jede/r macht das, was er oder sie am besten bzw. am besten von allen kann. Bei allseits ungeliebten Arbeiten kann ein rollierendes Verfahren für eine gerechte Aufteilung sorgen. So kann z. B. nach einem Monat eine neue Aufgabenverteilung probiert werden, damit jede/r mal dran kommt und dazulernt.

③ Mit der Abgabe von Hausarbeit ist fast zwangsläufig eine zeitweise Senkung des eigenen Anspruches verbunden. Springen Sie über Ihren Schatten, wenn nicht spurenlos Staub gewischt wurde oder die weiße Bluse bei der Buntwäsche gelandet ist. Erwarten Sie keine Perfektion. Kleine Mißgeschicke können passieren und müssen Sie riskieren.

④ Es kann auch sinnvoll sein, technische Hilfsmittel auf Profi-Niveau zu bringen, z. B.

- Sammelsysteme für die Getrenntsammlung von Hausmüll
- Wischmop und Wringeimer, Profi-Fensterputzer usw.
- Schmutzwäschebehälter für jede Wäscheart

⑤ Nehmen Sie sich genügend Zeit, um Ihre Haushalts'lehrlinge' gut anzuleiten. Schreiben Sie ggf. Bedienungsanleitungen und kleben Sie sie an das entsprechende Gerät. Lassen Sie dann die anderen selbständig nach dieser Anleitung arbeiten. Hat sich die Aufgabenverteilung dann eingespielt, sollten Sie sich ganz heraushalten.

⑥ Gestehen Sie Ihren „Mitarbeitern/innen" im Haushalt zu, Aufgaben anders zu erledigen als Sie.

⑦ Übernehmen Sie nicht die Rolle des Ober-Kontrolleurs, der mit dem weißen Handschuh prüft, ob auch das Treppengeländer vom Staub befreit ist. Damit ersticken Sie jede Lust aufs Mitmachen und erzeugen statt dessen Frust. Entblößende Belehrungen sind fehl am Platze.

weiter nächste Seite

TIP

⑧ Zeigen Sie Vertrauen in Ihre Helfer/innen, daß sie die übernommenen Verpflichtungen auch einhalten. Wann die Arbeit ausgeführt wird, muß der bzw. dem Verantwortlichen überlassen bleiben.

⑨ Führen Sie Vertretungsregeln ein. Sehen Sie sich nicht selbst als den/die Vertreter/in für jeden „Ausfall" an, sondern lassen Sie die Vorsorge-Verantwortung auch von anderen übernehmen.

⑩ Und vergessen Sie nicht, für eine gelungene Arbeit ein dickes Lob auszusprechen, auch Sie freuen sich über Anerkennung.

WAS TUN, WENN'S NICHT KLAPPT?

TIP

Die Haushaltsmitglieder spielen nicht mit,

weil sie nicht können:

→ Dann sollten Sie Hilfestellung geben
→ Dann sollte mit „kleineren Aufgaben" geübt werden
→ Dann sollten Sie gegebenenfalls mit weniger zufrieden sein

weil sie nicht wollen:

→ Dann sollten Sie auch nicht wollen und sich verweigern, d.h., die bislang ausgeführten Arbeiten nicht mehr verrichten
→ Dann sollten Sie „kündigen" und Ihre Sichtweise deutlich machen
→ Dann sollten Sie nach einer anderen Lösung suchen, z. B. Haushaltshilfe, Vergabe
→ Dann sollten Sie sich Ihre Arbeit in Heller und Pfennig bezahlen lassen, z. B. „Hotel Mama" nur gegen Entgelt anbieten

EXKURS

HAUSHALT UND ROLLENVERSTÄNDNIS VON FRAU UND MANN

Die quantitative und qualitative Beteiligung der Männer am Arbeitsaufwand im Haushalt ist nach wie vor gering. Frauen tragen die Verantwortung, haben den Überblick, planen und erledigen den größten Teil des häuslichen Alltags.

Und falls Männer „Manns genug" sind, im häuslichen Alltag mitzuwirken, haben sie deutliche „Vorlieben" und besondere Abneigungen.

Eine vom Bundesfrauenministerium in Auftrag gegebene Repräsentativumfrage zeigt auf, daß für 70 Prozent der Befragten Putzen und Kochen fast ausschließlich den Frauen vorbehalten ist. Das Einkaufen wird bei 24 Prozent der Westdeutschen und 34 Prozent der Ostdeutschen gemeinsam erledigt. Lediglich bei jüngeren Paaren ist ein Trend zu mehr Partnerschaft zu erkennen. Der Beitrag junger Väter zur Kinderbetreuung ist gestiegen und reicht in etwa an Arbeitsteilung heran.

Auch die steigende Berufstätigkeit der Frauen hat nicht dazu geführt, daß es Männer „emanzipatorisch" in den Haushalt drängt. Die Mehrfachbelastung durch Kinder, Beruf und Haushalt ist für Frauen die Regel.

Die Drückeberger
Beteiligung der Männer im Haushalt

nie...		gelegentlich...	
Blumenpflege	56 %	Mülleimer leeren	39 %
Bad putzen	57 %	Kochen	49 %
Wäsche aufhängen	64 %	Abwaschen	55 %
Naß wischen	66 %	Abtrocknen	57 %
Fenster putzen	73 %	Staubsaugen	61 %
Wäsche waschen	79 %	Einkaufen	63 %
Wäsche bügeln	87 %	Aufräumen	72 %

Quelle: Schnitt, P., Stern 45/1994

weiter nächste Seite

EXKURS

Berufstätige Mütter arbeiten im Schnitt 35 Stunden pro Woche im Haushalt, berufstätige Väter 13 Stunden. Das bedeutet für Frauen mit einer Halbtagstätigkeit die 55-Stunden-Woche und bei einem Vollzeitjob die 75-Stunden-Woche, für Männer höchstens die 53-Stunden-Woche. Frauen können oft nur auf Kosten ihrer eigenen Erholung den familiären Verpflichtungen nachkommen.

Häufig ist es jedoch auch der berufliche Alltag selbst, der eine Verbindung von Berufs- und Familienarbeit so schwierig macht. Zu starre Arbeitszeiten und die quantitativen und qualitativen Anforderungen während der Berufsarbeit sind so organisiert, daß sie auf die private Haushaltsarbeit kaum Rücksicht nehmen. Es wird vielmehr davon ausgegangen, daß der/die Berufstätige die Zuarbeit anderer Personen in Anspruch nehmen kann. Teilzeitarbeit für Männer gibt es zum Beispiel kaum.

Aber nicht nur Männer, auch Kinder sind häufig Haushaltsmuffel. Das ist allerdings nicht „genetisch" bedingt, sondern Kinder entwickeln ihre eigene Haltung zur Hausarbeit durch ihre Vorbilder und den Stellenwert von Hausarbeit, wie sie ihn erleben. Besser, das heißt hier: williger als ihre Väter sind sie in der Regel allemal.

Wo Kinder mit anpacken – die Top-Ten

Aufräumen	97,9 %
Einkaufen	87,7 %
Abwaschen	82,0 %
Staubsaugen	80,8 %
Frühstück machen	79,3 %
Schuhe putzen	74,2 %
Betten machen	70,7 %
Blumen gießen	64,7 %
Gartenarbeiten	55,1 %
Auto waschen	48,8 %

Quelle: Greiner-Zwarg, C., Eltern 1/1995

6.3.3 ANSPRÜCHE REDUZIEREN

Ein Grund für Zeitnot und Streß im Haushalt kann auch der selbstauferlegte Zwang sein, daß Sie etwas absolut Perfektes schaffen und/oder es allen recht machen wollen, d.h. zu hohe Erwartungen an sich und Ihre Arbeit haben. So können Sie vielleicht (noch) nicht ertragen, wenn die Bettwäsche nicht gebügelt ist oder die Kinder nicht wie aus dem Ei gepellt gekleidet sind.

BIN ICH EIN/E PERFEKTIONIST/IN?

Bitte kreuzen Sie an, was auf Sie zutrifft.

	Ja	**Nein**
Ich erwarte von mir, daß mir alles, was ich anpacke, gelingt	[ ]	[ ]
Ich ärgere mich, wenn mir einmal etwas nicht so gut gelingt, auch wenn es für mich neu ist	[ ]	[ ]
Ich bin oft ungeduldig mit meinem/r Partner/in oder meinen Kindern, wenn sie etwas nicht schnell genug begreifen	[ ]	[ ]
Ich bin bekannt als jemand, die/der sehr hohe Anforderungen an andere stellt	[ ]	[ ]
Ich delegiere Haushaltsaufgaben selten an andere	[ ]	[ ]
Ich nehme bei alltäglichen Pflichten, wie Putzen usw., selten Kürzungen vor	[ ]	[ ]
Ich lehne es gewöhnlich ab, eine Arbeit zu beginnen, ohne die bestmögliche Ausstattung und optimale Rahmenbedingungen zu haben	[ ]	[ ]
Ich schrecke davor zurück, Neues auszuprobieren	[ ]	[ ]

Je häufiger Sie auf die Fragen mit „ja" geantwortet haben, desto ausgeprägter ist der Hang zum Perfektionismus.

Wenn Sie sich bemühen, allen Anforderungen – denen Ihrer Umwelt und womöglich Ihren eigenen – gerecht zu werden, kann dies zu schlechtem Gewissen und miesen Gefühlen führen, da es unmöglich ist, alle Ansprüche zu befriedigen. Unerledigtes liefert dann immer wieder Anlaß zu Vorwürfen und Selbstzweifeln. Perfektionismus kann eine schwere Hürde vor ersehnter Entlastung sein. Da das Streben nach Perfektion über Jahre eingeübt wurde, ist der Abschied davon nicht von heute auf morgen möglich. Denn damit sind ganz persönliche Verhaltensmuster und Einstellungen verknüpft, die mit in Frage gestellt erscheinen. Klärend kann da zusätzlich sein, nach den Gründen für die hohen Ansprüche zu fragen: Furcht vor sozialer Kontrolle oder Ächtung, Kritik von Partner, Kindern, Verwandten und Freunden, Drohung von Liebesentzug und Ablehnung, Angst vor Neuem und Unbekanntem oder vor Mittelmäßigkeit können solche Gründe sein.

Häufig sind es übernommene „Botschaften“ und Rollenzuweisungen, die Menschen dazu veranlassen, es allen recht machen und stets 100prozentig sein zu wollen.

WELCHER „NORM“ UNTERLIEGE ICH?

Welche „Erziehungsformel“ ist für mich ausschlaggebend gewesen, daß ich heute so hohe Erwartungen an mich selbst habe?

Wie kann ich diese Formel für mich positiv verändern?

TIP

BEISPIELE FÜR ÜBERLIEFERTE NORMEN UND IHRE MODERNE ABWANDLUNG

- → Arbeit ist das halbe Leben – Aber eben nur das halbe
- → Zeit ist Geld – Geld kann man vermehren, Zeit läuft unweigerlich ab
- → Sei sittsam und bescheiden – Dann bist Du bald am leiden
- → Arbeit macht das Leben süß – Faulsein noch viel mehr
- → Hausarbeit ist Frauensache – Das wäre auch zuviel für Männer
- → Ohne Fleiß kein Preis – Mit viel Fleiß viel Verschleiß

In dem Bemühen, es besonders gut und allen recht zu machen, kann das, was Ihnen wirklich wichtig ist, aus den Augen geraten. Genauso wie die Tatsache, daß zwangsläufig etwas hinten anstehen muß. Die Zeitbilanz unter Punkt 4 zeigt, daß unser Tag mit den unterschiedlichsten Aufgaben und Betätigungen gefüllt ist. Nicht jeder dieser Zeitbindungen hat aber für uns die gleiche Qualität. Es hat viele Vorteile, sich eine eigene Prioritätenliste vor Augen zu führen:

① Sie machen sich bewußt, wofür Sie zuerst leben.

② Sie erkennen, daß und was zwangsläufig hintenanstehen muß, da Sie sich und die Zeit nicht teilen können.

③ Sie brauchen kein schlechtes Gewissen zu haben, wenn Sie nicht allen Ansprüchen gerecht werden können.

MEINE PRIORITÄTEN

Bitte tragen Sie in die erste Spalte Ihre persönlichen Hauptausrichtungen und in die zweite Spalte den von Ihnen geschätzten Zeitverbrauch ein.

	Platz*	Zeitverbrauch
Beruf		.... h
Partnerschaft		.... h
Kinder		.... h
Familie		.... h
Ordentlicher Haushalt		.... h
Gutes Essen und Trinken		.... h
Haus und Garten		.... h
Spezielles Engagement		.... h
Bildung		.... h
Hobbys		.... h
....		.... h

*** Versuchen Sie, die ersten drei Plätze eindeutig zu vergeben und von den nachfolgenden abzugrenzen.**

Wenn Sie jetzt ein konkretes Mißverhältnis spüren, weil Lebensbereiche, die für Sie einen hohen Rang haben, zeitlich zu kurz kommen bzw. Unwichtiges Sie zeitlich zu sehr beansprucht, dann sollten Sie etwas ändern. Versuchen Sie, Ihre Zeit so umzuverteilen, daß ein besserer Ausgleich möglich ist.

WIE KANN SICH MEINE ZEITBILANZ ZUGUNSTEN MEINER PRIORITÄTEN VERÄNDERN?

Bei welchen Bereichen werden Sie Abstriche vornehmen?

.....

.....

Welche Lebensbereiche kommen in Zukunft zeitlich besser bei Ihnen weg?

.....

.....

Was können Sie konkret morgen verändern?

.....

.....

.....

Anmerkung: Fall Sie sich zugunsten anderer Bereiche entschlossen haben, die Ansprüche an Hausarbeit zu reduzieren, nehmen Sie auch den Maßnahmenkatalog zur Organisation und Rationalisierung von Hausarbeit (ab Seite 47) vor, hier finden Sie Beispiele zur „Abspeckung" Ihres Haushaltes.

Was würden Sie schätzungsweise durch reduzierte Ansprüche wöchentlich an Zeit einsparen? .... **h**

WER HILFT MIR SONST NOCH?

TIP

Bildungseinrichtungen, wie *Familienbildungsstätten* oder *Volkshochschulen*, sowie *Krankenkassen* und *Gewerkschaften* bieten häufig Veranstaltungen an, wo Verhaltensveränderungen ausprobiert und geübt werden können (z. B. Selbstbehauptungstrainings und Anti-Streß-Programme). Hauswirtschaftliche Verbände vermitteln zudem Fertigkeiten und Kenntnisse in der Haushaltsführung.

6·4 SO KÖNNT'S WEITERGEHEN – **AUSWERTUNG, KORREKTUR, FESTSCHREIBUNG**

Wie Sie gemerkt haben, bieten unsere Vorschläge und unser Programm sich in der Weise an, daß Sie Ihren derzeitigen Umständen entsprechend sich das und in dem Umfang „rauspicken“, was Ihnen die bestmögliche Aussicht auf Erfolg verspricht. Ihrer Phantasie und Kreativität sind dabei keine Grenzen gesetzt. Und eine Auswertung Ihrer ersten Erfolge kann Lust aufs Weitermachen, wenn vielleicht auch in etwas abgeänderter Form, wecken.

WIE HALTE ICH MEINE ERGEBNISSE FEST?

- → Sie tragen für jede Tätigkeit die von Ihnen gefundene Lösung in die Übersicht „Mein Haushalt: Jetzt und in Zukunft“, Seite 78, ein.
- → Sie werden den Erfolg Ihrer bisher eingeleiteten Veränderungen sehen, wenn Sie Ihren Zeitgewinn ermitteln. Tragen Sie bitte auch den von Ihnen erzielten Zeitgewinn in die Übersicht ein. Das Ausrechnen kostet zwar etwas Zeit, aber diese Mühe wird sich lohnen, wenn Sie konkret sehen, wieviel frei verfügbare Zeit Ihnen jetzt zur Verfügung steht.

Lassen Sie sich nicht entmutigen, wenn Ihre Veränderungswünsche (Lösung und Ergebnis) sich nicht sofort reibungslos umsetzen lassen und Schwierigkeiten auftauchen. Alle Haushaltsmitglieder müssen sich erst umgewöhnen. Verbessern Sie Ihr Maßnahmenprogramm nach Ihren eigenen Erfahrungen. Sie werden bestimmt eine gute Lösung für Ihren Haushalt finden.

Ihr Programm sollte immer mal wieder überprüft werden und auch Abwandlungen für plötzlich eintretende Situationen vorsehen, z. B. unerwarteter Besuch, Krankheit eines

Kindes usw. Flexibilität ist in solchen Situationen mehr gefragt als starres Festhalten am Plan. Mit periodischen Anpassungen verbessern und verfeinern Sie Ihr Maßnahmenprogramm immer mehr.

MEIN (ZEIT-)-GEWINN

Nun geht es darum, Ihre Lösungen und Ergebnisse zu „sichern". Halten Sie schwarz auf weiß fest, was für Sie herausgekommen ist.

Mein Hauptknackpunkt (siehe Seite 31) war: ....

....

....

Meine Lösung lautet: ....

....

Mein (Zeit-)Gewinn beträgt pro Woche .... h (!!!)

Wie „lege ich diesen Zeitgewinn an"? ....

....

Für den Fall, daß Sie erfolglos geblieben sind – aus welchen Gründen auch immer – wollen wir Ihnen Mut machen, es weiterzuprobieren. Mit der Zeit können Sie sich aus Zeitfallen immer besser befreien und Hindernisse immer glatter überwinden.

EXKURS

ENTLASTUNG DURCH DRITTE

Wenn verbesserte Organisation der Hausarbeit, Rationalisierung, Arbeitsteilung und das Herunterschrauben von Ansprüchen nicht zum gewünschten Erfolg führen, müssen andere Lösungen her. Zum Beispiel, wenn Haushaltsmitglieder sich nicht an der Hausarbeit beteiligen können, weil sie selbst pflegebedürftig sind, oder wenn die eigene Prioritätensetzung die Hausarbeit hintenanstehen läßt. Im folgenden werden wir einige Lösungsmöglichkeiten vorstellen, die zum Teil eine gewisse Vorlaufzeit benötigen.

① Vernetzung von Haushalten
Mehrere Haushalte arbeiten in verschiedenen Versorgungsbereichen zusammen. Die Zeitnot einzelner Haushaltsmitglieder reduziert sich dadurch.

Beispiele für diese Kooperationsringe sind:

- Nachbarschaftliche Netzwerke für die gemeinsame Kinderbetreuung, für die Nutzung von Pkw, Heimwerkergeräten und -räumen sowie Garten
- Gemeinsames Einstellen einer Kinderfrau zusammen mit zwei bis drei Freundinnen oder Kolleginnen mit etwa gleichaltrigen Kindern, die in den drei Wohnungen abwechselnd betreut werden
- Zusammenschluß von benachbarten Haushalten, um abwechselnd für alle zu kochen und gemeinsam zu essen
- Gründung eines Kindergartens / einer Krabbelgruppe / einer Kinderkrippe durch die Initiative gleichgesinnter Eltern.

weiter nächste Seite

EXKURS

② Haushaltsarbeit durch Dritte

Entlastung von Haushaltsarbeit kann auch herbeigeführt werden, indem man sich Hilfe ins Haus holt bzw. häusliche Aufgaben auslagert. Dies ist in der Regel mit einigen Kosten verbunden.

Beispiele für bezahlte Hilfen sind:

- Kinderfrau
- Haushaltshilfe
- Raumpfleger(in), Fensterputzer(in)
- Babysitter
- Au-pair-Mädchen

Beispiele für Fremddienstleistungen sind:

- Tagesmutter
- Wäschevergabe an Wäscherei, Heißmangel, Chemische Reinigung
- Kantinenverpflegung, Essen auf Rädern, Party-Service

6·5 NICHT VERGESSEN – **DAS UMFELD VERBESSERN**

Wenn Sie und Ihre Familie bei sich anfangen und selbständig und eigenmächtig viele kleine Schritte gegangen sind, und der Erfolg sich in Form von größerem Zeitwohlstand einstellt, sind Sie unbestreitbar ein gutes und nicht zu verachtendes Stück vorangekommen. Wir wollen Ihnen nicht verhehlen, daß Sie früher oder später an Stellen stoßen werden, die ein Weiterkommen allein erschweren oder gar verhindern. Denn es gibt Bereiche, in denen Sie von anderen abhängig sind, schnell andersgeartete Interessen berühren oder an von außen gesetzte Grenzen gestoßen werden. Zum Beispiel, wenn es um sicheren Spielraum in der Wohnumgebung geht, um einen Kindergartenplatz, um Erziehungsurlaub oder eine Teilzeitstelle für einen Vater, um flexiblere Arbeitszeiten, um Liberalisierung der Ladenöffnungszeiten oder die Wiedereingliederung in den Beruf nach Erziehungszeiten. Hier sind andere Vorgehensweisen gefragt, muß man politisch aktiv werden, sich mit Gleichgesinnten zusammentun, sich weitergehend für die eigenen Belange einsetzen.

Wir vertrauen andererseits darauf, daß das Durchsetzen von Veränderungen im privaten Bereich – sei es durch Arbeitsteilung, Verbesserung von Abläufen oder durch sich selbst zugestandene Entlastung – den Freiraum schaffen und das Selbstvertrauen stärken, sich auch aufs öffentliche Parkett zu wagen.

So möchten wir Sie ermuntern, weiterzumachen und auch gegenüber Institutionen und Außenstehenden aktiv zu bleiben. Einige Anregungen dazu:

- Suchen Sie das direkte Gespräch mit denen, die es „in der Hand" haben, also mit Vorgesetzten hinsichtlich flexiblerer Arbeitszeiten, mit Ausbildungspersonal bezüglich Lehrinhalte und überkommener geschlechtsspezifischer Rollenzuweisungen, mit Trägern von Kinderbetreuungseinrichtungen bezüglich Öffnungszeiten. Äußern Sie offen Ihre Wünsche und Vorstellungen.

- Suchen Sie Gleichgesinnte und gründen Sie eine Interessengemeinschaft, z. B. um eine Straße als Spielstraße anerkannt zu bekommen. Oder Sie beteiligen sich an entsprechenden Initiativen und unterstützen diese aktiv (Info-Stände, Unterschriftensammlungen usw.).
- Verschaffen Sie sich Öffentlichkeit durch das Schreiben von Leserbriefen.
- Werden Sie selbst (sozial-)politisch aktiv durch Mitarbeit in einer Partei, einer Arbeitnehmer/innenvertretung, der Pfarrgemeinde …
- Sprechen Sie Ihre politischen Vertreter und Vertreterinnen direkt auf Mißstände an und fordern Sie Abhilfe, z. B. Kommunalpolitiker/innen hinsichtlich des Ausbaus öffentlicher Kinderbetreuungsmöglichkeiten, einer Verkehrsberuhigung usw.
- Nehmen Sie Hilfe durch (über-)regionale Interessenvertretungen in Anspruch, z. B. die örtliche Kontakt- und Informationsstelle für Selbsthilfegruppen und Initiativen, die Gleichstellungs- sowie die Frauenbeauftragten, außerdem den *Bundesverband Mütterzentren, Herner Str. 299, 44809 Bochum*, den *Verband alleinstehender Mütter und Väter e. V., Von-Groote-Platz 20, 53173 Bonn*, die *Arbeitsgemeinschaft Tagesmütter, Bödekerstr. 62, 30161 Hannover.*

ÜBERSICHT: ARBEITSBEREICHE UND -SCHRITTE

ESSEN + TRINKEN

Frühstück
- Tisch decken
- Vorbereitung (Kaffee, Tee, Brot schneiden)
- Abräumen
- Spülen
- Aufräumen
- ....

Mittagessen
- Kochen
- Tisch decken
- Vorbereitung (in Schüsseln füllen usw.)
- Abräumen
- Spülen
- Aufräumen
- ....

Zwischenmahlzeit
- Vormittag
- Nachmittag
- ....

Abendessen
- Tisch decken
- Vorbereitung
- Abräumen
- Spülen
- Aufräumen
- ....

WÄSCHEPFLEGE

Waschen
- Wäsche einsammeln
- Wäsche sortieren
- Maschine be- und entladen
- Waschmittel zugeben
- Maschinenbedienung
- ....

Trocknen
- auf Leine oder Ständer hängen und abnehmen
- Trockner be- und entladen
- Bügelfreie Wäsche falten und wegräumen
- ....

Bügeln
- Bügelplatz herrichten
- Bügeln / Mangeln
- Schrankfertig falten und wegräumen
- ....

Vollvergabe (Waschen, Trocknen, Heißmangel, Chemische Reinigung)
- Bring-, Hol-, Wartezeiten
- ....

Instandhaltung der Kleidung
- Ausbessern
- Ändern
- ....

WOHNUNGSREINIGUNG

Aufräumarbeiten
- In allen Räumen Herumliegendes wegräumen
- Betten machen
- ....

Trockene Reinigungs- und Pflegearbeiten
- Papierkörbe, Abfalleimer, Aschenbecher leeren
- Staub wischen
- Staub saugen (Polstermöbel, Böden)
- Kehren (Keller, Treppe, Terrasse)
- ....

Nasse Reinigungs- und Pflegearbeiten
- Böden und Treppe wischen
- Putzen:
  – *In jedem Raum:* Spiegel, Mobiliar, Kacheln, Türen, Fenster
  – *Im Bad zusätzlich:* Toilette, Wanne, Becken, Armaturen
  – *In der Küche zusätzlich:* Herd, Spüle, Kühl- und Gefriergeräte, Arbeitsflächen, Abfalleimer
- ....

ÜBERSICHT: ARBEITSBEREICHE UND -SCHRITTE

HAUSHALTSFÜHRUNG

Speiseplanung
- Saisonales Marktangebot nutzen
- Vorräte einbeziehen
- Sonderangebote berücksichtigen
- ....

Einkaufsplanung
- Einkaufszettel anfertigen
- Speisezettel einbeziehen
- Kontrolle der Vorräte
- Orientierung und Marktinformation
- Einkaufsroute festlegen
- ....

Einkauf
- Dauervorräte vierteljährlich
- Wochengroßeinkauf
- Frischwareneinkauf
- ....

Arbeitsplanung
- notwendige Arbeiten festlegen
- Arbeitsteilung vornehmen
- Arbeitsplan aushängen
- ....

Haushaltsbuchführung
- Ausgaben eintragen
- Monatsabrechnung
- ....

Kontoführung
- Kontoauszüge kontrollieren
- Bankkontakte
- ....

Korrespondenz
- Briefe
- Telefonate
- ....

Terminmanagement
- Terminabsprachen
- ....

Verwaltung
- Dokumente
- (Ab)Rechnungen
- Ablage
- ....

SONSTIGES

Arbeiten am und im Haus
- Ausbessern, Reparieren
- Renovieren
- Heimwerken
- ....

Haustiere
- Füttern
- Pflegen
- Ausführen
- ....

Vorratshaltung
- Einkochen, Einfrieren
- Einlegen, Dörren
- ....

Auto
- Waschanlage
- Warten
- kleine Reparaturen
- ....

Pflanzen/Blumen
- Gießen, Pflegen in der Wohnung, auf dem Balkon, im Garten, auf dem Friedhof
- Säen, ernten
- ....

Feste/Gästebewirtung
- Einladung
- „Programm"planung
- Vorbereitung
- Aufräumen
- ....

Kultur
- Überblick über Angebote
- (Termin-)Koordination
- Karten besorgen
- ....

Handarbeiten/Basteln
- Kleidung
- Haushaltswäsche
- Dekoration
- ....

Müllentsorgung
- (Getrennt-)Sammlung
- Leergut-Entsorgung
- Containerbeschickung
- Kompostieren
- ....

„SPICKZETTEL" GEGEN ZEITFALLEN UND PLANUNGSHINDERNISSE

① **Setzen Sie Prioritäten!**

Nicht jeder Ihrer Betätigungen kommt die gleiche Bedeutung zu. Es gibt notwendige, weniger wichtige und unnötige Arbeiten. Fragen Sie sich bei der Planung oder spätestens vor jeder Arbeit, was passiert, wenn Sie sie nicht verrichten. Wenn die Antwort „nichts" lautet, sollten Sie sie auch nicht in Angriff nehmen.

② **Nehmen Sie sich nicht zuviel auf einmal vor!**

Zerlegen Sie alles, was Sie erledigen müssen, in kleine Portionen. Damit verlieren Sie die Scheu vor dem Anfangen. Zum Beispiel laufen Urlaubsvorbereitungen dann in mehreren Etappen ab: Erst notwendige Einkäufe tätigen, dann Lösungen für Blumen, Zeitung und Post arrangieren, schließlich Koffer packen usw.

③ **Bereiten Sie sich vor!**

Viele Menschen stürzen sich in ihren Arbeitstag oder in einzelne Aufgaben nach dem Motto: Augen zu und durch. Eine Faustregel besagt aber, daß zehn Minuten morgendlicher Vorbereitung auf den Tag mehr als zwei Stunden täglich einsparen können.

④ **Programmieren Sie sich!**

Konzentrieren Sie sich, bevor Sie Ihre Tätigkeit beginnen, auf den gesamten Ablauf. Lassen Sie ihn vor Ihrem inneren Auge vorüberziehen. Sie werden effizienter und schneller arbeiten. Lesen Sie z. B. ein neues Kochrezept erst ganz durch und versuchen Sie, es sich in etwa einzuprägen, bevor Sie mit dem Kochen beginnen. Damit ersparen Sie sich, ständig wieder ins Kochbuch zu schauen. Ein weiteres Beispiel: Vor dem Einkauf noch mal den ganzen Zettel durchlesen.

⑤ **Machen Sie das Wichtigste bzw. das Unangenehmste zuerst!**

Entscheidend ist, daß das Wichtigste nicht mit dem Dringlichsten verwechselt wird. Dringlich sind häufig die Aufgaben, die aufgeschoben wurden, die von außen an Sie herangetragen werden und von denen es heißt, daß sie schnell erledigt werden müssen. Wirklich wichtig sind sie selten. Und: Ein Tag gewinnt viel Schwung, wenn Sie das Unangenehmste erst einmal hinter sich gebracht haben, anstatt es vor sich herzuschieben.

⑥ **Fangen Sie gleich an!**

Trödeln Sie vor Arbeitsbeginn nicht herum (Kaffee trinken, Plausch mit dem Nachbarn). Wenn Sie die vor Ihnen liegende Aufgabe sofort anpacken, verschaffen Sie sich nicht nur einen Zeitvorteil, sondern Sie sind auch konzentrierter. – Oder Sie vergessen die Arbeit gleich ganz und genießen den Kaffee oder den Plausch in Ruhe und ohne schlechtes Gewissen.

weiter nächste Seite

⑦ **Schätzen Sie die Dauer richtig ein!**

Viele Menschen können die Dauer von Arbeitsabläufen im voraus schlecht abschätzen, was eigenartigerweise ganz besonders auf Routinearbeiten zutrifft, und geraten dadurch in Zeitnot und Streß. Also: Schauen Sie sich Ihre Zeiterhebungen noch einmal an (s. Punkt 6.1).

⑧ **Ziehen Sie eine angefangene Arbeit möglichst in einem durch!**

Versuchen Sie, jede Arbeit in einem Durchgang zu schaffen. Es ist rationeller und schafft schneller innere Befriedigung. Jeder Neuanfang kostet Zeit und Kraft.

⑨ **Pause machen – auch mitten im Tohuwabohu!**

Wenn Sie sich dabei ertappen, unorganisiert, unkonzentriert und sogar chaotisch vorzugehen, können Sie sich an „Ihrem eigenen Schopfe" aus der Misere ziehen. Sie halten inne, machen bewußt eine Pause (bevor Sie ungewollt zusammenbrechen) und legen Streß und Hetze ab. Aus einer ruhigeren Position können Sie die Arbeit systematisch wieder aufnehmen.

⑩ **Lernen Sie, „nein" zu sagen!**

Vielen fällt es schwer, Ablehnung klar auszudrücken. Sie sollten das Neinsagen üben, wenn man Ihre Zeit ungerechtfertigt beanspruchen will, bei Aufgaben, die nicht in Ihren Bereich gehören oder wo Ihr Einsatz wirkungslos sein wird. Vielleicht werden Aufgaben auf Sie abgewälzt, weil Sie zu gutmütig / eitel / großzügig sind, um sie abzulehnen. Jedes vermiedene „Nein" entlastet andere und belastet Sie.

⑪ **Delegieren Sie!**

Spannen Sie Ihre Familie mit ein. Sie sollten sofort und so oft wie möglich delegieren. Es hat noch keinem geschadet, für sich selbst sorgen zu können. Mit Ihrer Unersetzlichkeit belasten Sie sich fortwährend und verhindern die – Sie entlastende – Unabhängigkeit der anderen.

⑫ **Zügeln Sie Perfektionismus!**

Sie müssen nicht überall gleich(-bleibend) gut sein. Verbinden Sie Können und Spaß miteinander. Diese Mischung macht Arbeiten besonders effizient. Die ungeliebten Aufgaben werden dann eben so gut es geht ausgeführt – oder noch besser von anderen Haushaltsmitgliedern, bei denen die Mischung von Können und Spaß wieder stimmt.

MEIN HAUSHALT: JETZT UND IN ZUKUNFT

	IST-ANALYSE				LÖSUNG	ERGEBNIS
TÄTIGKEIT *	Dauer	Häufigkeit	Wer macht's**	Zeitpunkt, wenn termin-gebunden	x = reduziert auf …Std./min. y = jetzt macht's … z = ganz was anderes	Mein Zeit-gewinn (in Stunden) pro Woche
						h
						h
						h
						h
						h
						h
						h
						h
						h
						h
						h
						h

* Mögliche Arbeiten können Sie der Aufstellung ab Seite 74 entnehmen! **z.B. Frühstück:** Tisch decken / Abräumen / Spülen / Aufräumen / …

** Namen eintragen

WOCHEN-ARBEITSPLAN vom .... bis ....

ZEIT	MONTAG	DIENSTAG	MITTWOCH	DONNERSTAG	FREITAG	SAMSTAG	SONNTAG
	Wer / was	Wer / was	Wer / was	Wer / was	Wer / was	Wer / was	Wer / was
6.00							
7.00							
8.00							
9.00							
10.00							
11.00							
12.00							
13.00							
14.00							
15.00							
16.00							
17.00							
18.00							
19.00							
20.00							
21.00							
22.00							

TEAM-ARBEITSPLAN FÜR DIE WOCHE vom .... bis ....

TÄTIGKEITEN	Wer macht's	**A** Für alle **B** Jeder für sich	Vertretung	Häufigkeit	Erledigt